PP選書
Problem&Polemic
｜課題と争点｜

天皇

誰が日本民族の主人であるか

蜷川 新
Ninagawa
Arata

批評社

凡例

・本書は蜷川新『天皇 誰が日本民族の主人であるか』（光文社、一九五二年）の翻刻である。底本は第六版を用いた。

・原則として旧字体の漢字は新字体へ変更し、撥音は現代かなづかいに改めた。一部引用部分については原文のママとしている。

・ルビ、圏点、註は原文のママである。

・現代の知見で誤りとされている歴史的事実、不適切と思われる表現があるが、明らかな誤植を除きそのまま残している。なお、一部の人名、書名等については現在の検索の便を考慮し改めている。変更箇所は以下に示すとおり。

二三頁 三行目、三三頁 三、五行目「マーク・ゲイン」は底本では「マークゲーン」
五三頁 一四行目、一七三頁 一三行目「後藤象二郎」は底本では「後藤象次郎」
八九頁 四行目「麛坂《かごさか》」は底本では「麝坂」
一〇五頁 八行目『聖徳太子御年譜』は底本では『聖徳太子年譜』
二〇五頁 一行目『維新前後の政争と小栗上野の死』は底本では『維新前後の政策と小栗上野の死』
二五二頁 最終行、二五四頁 三行目「清田嘿《もく》」は底本では「清田嘿」

はじめに

天皇制について、いろいろの雑誌に、諸家の論文が出ている。私は、深い興味をもって、それらを読んだ。そうして私は、天皇制にかんして、国際法や憲法から、正確な判断をくだすことが、日本民族の民主制を混乱させないために、どれほど緊急事であるかを、痛切に感じたのであった。

今日になって、日本はその民主制を中止することは、国際法から論じて、とうていできない相談である。なぜならば、日本の民主化は、日本と列国とのあいだの、かたい民族的約束だからである。日本国は、ポツダム宣言の受諾と、サンフランシスコ平和条約の調印という二つの約束をもって、世界のほとんどすべての文明国と、日本の民主化を、かたく約束している。この約束は、日本一国の一方的な意思をもって、それを破ることは、国際法が許さないのである。

また日本は、新憲法をもって、日本の民主制を立てた。それは、日本人民みずからが、この憲法を定めたのである。人民は、文明人として、それを守る義務がある。民主日本は、過去の君主日本とは、まったく別のものとなったのである。いまの日本人民は、旧時代とことなり、主権の本体となっている。すなわち、日本人民は、旧時代のごとくに天皇の統治下に立つことは、もはや憲法上、ゆるされないのである。憲法は「国の組織」である。組織は、これを守ることが、文明人民の義務である。

このような考えを、私は不断にもっている。それは、人民として、必然にもつべき理想である。私は、日本人として、日本民族の永遠の存在をいのり、さらに、その幸福な、そして健全な存在を願ってやまぬものである。

私は、法律学を専門とし、とくに憲法および国際法を専攻した。それであるから、まず法理によって、民主を説き、天皇制を論じ、中正の理論を立てて、天皇のためにも、民族のためにも、過ちのないようにと、私は私の心を労しているのである。私は、その目的をもって、この一書をつづったのである。

昭和二十七年八月二十日

大磯、洗心堂にて

八十翁　蜷川《にながわ》　新《あらた》

天皇

誰が日本民族の主人であるか＊目次

六　天皇の将来　207

私の歩んだ道

一　今日の天皇の地位

1　太平洋戦争と天皇

太平洋戦争は、東洋史には、いまだかつて見られなかったほどの大戦争であった。数年にわたって、極東から遠く中東にまで戦禍はおよんだ。それのみではなかった。濠州の大陸にも、南洋の島々にも、日本兵の殺人行為はくりひろげられた。南京やフィリッピンには、戦慄をもよおさしめるような虐殺がおこなわれた。その地域に住む人民は、十億にも近いのである。日本軍は、その十億の人民を苦しめ、その生命をうばい、その財産をかすめ、数年にわたって、奴隷のごとき境遇におちいらしめたのである。

この大罪悪にたいして、日本軍の主脳および日本国政府の要人に、責任を負わしめてしかるべきであることは、およそ人間として異議のあろうはずはない道理である。もしも、日本人だけが神であって、外国人は夷狄《いてき》であり、奴隷であるとの蛮風が、今日なお日本に存在しているのであるならば、それらの人間には、右に述べた私のことばなどは、さだめし意に満たないものがあるであろう。

けれども、今日の日本人は、およそ人間は生まれながらにして、法律のまえに平等であるとの理をさとっているはずである。その悟りあって、はじめて、文明人となりうるのである。文明人であるとの自覚ある日本人は、全世界の人類にたいして、日本軍の犯した罪が許しがたいものであったことを、つつしんで告白し、その罪をおかした人びとが、公正な裁判を受けて、適当な刑罰に処せられんことを、公正にみとめるという態度をとり、文明人であることを明らかにすべきである。そうして、全人類とともに、今後、世界の平和につくすべきことを、八千万人の一致した声として、世界にむかって発すべきである。

太平洋戦争は、じつに、はじめから無謀の戦争であった。軍事上からそれを判断しても、「二年以上はつづけられまい」といわれた、先の見えた戦争であった。

空軍は、外国の空軍にくらべて、はなはだ貧弱であった。

ワシントン会議のさいには、日本の海軍軍人の有力者加藤寛治は、「十対六の比率では、敗戦は、はじめから明らかである。」とワシントンにおいて、列国人のまえに声明したのであった。したがって、イギリスとアメリカとが連合した二大艦隊にたいしては、数字のうえから、「二十対六」程度であって、はじめから戦勝はまったく望めない無謀の海戦であった。ミッドウェーの海戦において、まず、その敗戦は立証されたのであった。

陸軍にいたっては、竹槍をもちいて戦争をするのだと、昂然として、軍人の荒木貞夫が言いはなったほどのものであり、その無謀さは、はじめから、心ある人から嘆かれていたのであった。

さらに、その外交にいたっては、必敗すべきドイツを買いかぶり、ドイツが全ヨーロッパを征服する力あるものと見あやまり、ドイツと同盟して、日本の勝利を夢みていたのであった。第一次世界大戦のさいにも、日本の軍人はすべてドイツの必勝をとなえていたのである。ヨーロッパにいた外交官もまた、じつに、その誤信者の仲間であったというのが、当時の事実である。

軍人と外交官とは、もともと、外交の盲者であった。それらの盲者は、天皇を抱きこんで外交権と統帥《とうすい》権とをにぎり、人民をあざむき、「東洋の新秩序」などと大言壮語して、人類を敵視し、ついに「降伏日本」の大汚辱を日本民族に蒙らしめたのであった。その罪は大きい。その責任はまぬがるべからざるものである。日本の統治権者は、国際法上に、また国内法上に、重大な罪をおかしたのである。じつに重罪者であった。

日本海軍の真珠湾急襲は、天皇の宣戦に先んじておこなわれた。これがまず、大きな国際法違反の行動であった。国際法上「開戦に関する条約」の第一条には、つぎのように定めてある。

「締約国は理由を附したる開戦宣言の形式、又は条件づき開戦宣言を含む最後通牒の形式を有する明瞭、且つ事前の通告なくして、その相互間に、戦争を開始すべからざることを承認す。」

日本は、たとえ、それが戦略上の過失であったにせよ、この条約に違反して、真珠湾を急襲したのは、一大失策であった。はじめから、この一大失態を、日本政府は、軽卒にもおこなった。古風にいえば、日本政府は、はじめから、「大義名分」をあやまったのである。「名のない戦い」であり、「勝敗は、はじめから明らかであった」と言えるのである。

この無謀な戦争を宣言した人は、誰であったか。それはじつに、天皇であったのである。列国人から見たならば、天皇は、当然に、不法戦争の責任者であったのである。国際法のうえでは、天皇は「神聖にして侵すべからず」というようなものではない。したがって、列国からの戦争犯罪にかんする訴追は、どうしても、まぬがれることはできないことであった。

このような戦犯の問題は、すでに一九一九年から言われていたことである。第一次大戦のおわりには、フランスでは、ドイツのカイゼルをはじめドイツ軍の頭目を、戦争犯罪人として処罰すべしとの議論が、さかんにおこなわれたものであった。しかしながら、ついにそれはおこなわれずに終った。しかし、カイゼルは、国内の人民から、失政者として捕えられる危険があった。カイゼルはそれを恐れて、急いで、オランダに逃げこんだ。カイゼルの統治はそれで終り、エーベルトが、社会主義者に推されて大統領となった。ドイツ帝国はそれで亡んだのである。

こんどの第二次大戦のおわりには、国際法の違反者にたいして、確実に制裁を加うべしという主張が、列国のあいだに盛りあがり、それがついに成立した。それによって、ドイツでも、日本でも、国際軍事裁判所が設けられることになった。わが日本では、東京に、その国際軍事裁判所が設けられた。それは、じつに世界において、いまだかつてない一大事実である。勝利国はこの裁判を「文明のため」と誇称した。そのさいに、いかなる裁判がおこなわれたであろうか。

この裁判の長は、濠州人のウェッブであり、その検察長官は、米人のキーナンであった。このキーナンは、日本に来る早々、「日本人は三十年来、侵略を目標として行動した。」と言い、公然、わが日本民族をののしった。しかし、それは大きな失言であった。私は小面《こづら》にくしと感じたが、米人たちは、日露戦争以来、日本は他国を侵略したというのである。

日露戦争は、英米人が、こぞって日本に同情し、日本を支援し、ポーツマスの講和条約は、米人ルーズベルトの斡旋で成立したのであった。しかし、その歴史さえ、今の米人は知らないのであった。かかる不明の米人が、国際軍事裁判の検察官となったことは、その裁判を不正確なものにさせた大きな原因であった。

キーナンは、やがて公言した。「天皇には、戦犯である証拠が無い。」と。天皇崇拝にふけっている迷信者には、この公言は、あるいは喜ばれたことであろう。しかしながら、正義と法理とをおもんずる日本人には、それは、奇怪なことばとして、聞こえざるをえなかった。なぜなれば、天皇は日本の憲法上、大元帥であり、大本営の統裁者であり、「大東亜の建設を嘉《よ》みされた人」であり（議会に通例な開院式の勅語のほかに特別に賜った簡単な勅語）、たえず出征軍人をはげまされた張本人であり、終始、戦争と密接しておられたことは、万人のことごとく知る事実だからである。

キーナンが、「天皇には戦犯の証拠が無い。」と公言したことは、まことに不可解であった。その間に、なにものか潜んでいるのではないかと、正直な人間としては、疑わざるをえなかったのである。天皇に戦犯の証拠が無いとキーナンはとなえたが、天皇の命令下にあった日本内閣の政務にあずかった人びと、および軍務にあずかった重要の人びとは「戦争犯罪者である。」と、キーナンは強く主張したのであった。そうして、それらの人びとは、あるいは断頭台上に絞殺され、あるいは無期の徒刑者として、投獄されたのであった。

有罪の宣告を受けた人間の心にも、彼らのくだした判決に、理論の一貫が欠けていることを、さだめし感ぜしめたことであろう。理論の欠けた裁判には、とうてい、文明の名を附しうべくもない。米人検察官キーナンは、われわれ日本人からは、永遠に疑問の人として、その能力、その性格をあやしまれざるをえないであろう。

当時、裁判長のウェッブは、公然、新聞記者にむかって語った。「天皇は、戦争犯罪者である。天皇を訴追しないのは、ただ米軍総司令官の政策にすぎない。」と。当時のどの新聞も、このことばをそのままに、紙上にかかげていた。裁判官としてのウェッブは、キーナンと異なり、純法律家として、正しい表言をなしたものと、日本人は信じているのである。

すべて裁判は、「法律によってのみ、おこなわれる。」これが、文明国の裁判の原則である。日本における国際軍事裁判所は、右に述べたように、文明式の裁判をなさなかったのである。情実をまじえて裁判をとりあつかい、その無罪はかならずしも、無罪ではないということを暴露したのである。マックアーサーは、自由、正義、寛大を、そのはじめに、となえた人であったが、はたして本気で、これらの美辞を、日本人の面前で口にしたのであろうか。なにぶんにも、事実と表言とに、ぴったりしないところがあるのである。

インド人の裁判官は、「すべて無罪である。」ととなえたといわれ、フランス人とオランダ人の判事もまた、同じような表言をしたと伝えられている。その他の裁判官は、どうであったろうか。文明の裁判官と、はたして言われうる人であったろうか。疑いなきをえない。

戦争そのものは、暴力である。暴力のすぐれた国は、すなわち勝利国である。その勝利国が、敗戦国を被告として、裁判することは公正であろうか。また公正でありえようか。日本人は、東京軍事裁判にたいして、満足の意をあらわすことはできないのである。国際法に権威をあたえ、不法者に適当の制裁を科することが、国際軍事裁判の目的であった。もしも、天皇が戦犯者であるならば、国際裁判としては、厳正に、天皇にたいして戦犯であるとの判決をくだすべきである。正義の日本人としては、文明の一貫を要求する。天皇が、米人のしくんだ情実によって、また米人のための政策によって、戦争犯罪をまぬがれえたということは、正義をたっとぶ日本人としては、また国際の秩序をおもんずる日本人としては、とうてい満足し、歓喜することはできないのである。

戦争犯罪人を処罰する目的は、国際法に権威あらしめ、国際の秩序を正しく保つことにある。国際法は、現に世界に存在する。法として存在するのである。したがって、国際法の違反にたいいしては、制裁のくわえられることが肝要である。今日までは、それが不完全であった。

国際法の違反行為については、「訴追せられる」という原則は立てられてあったが、その訴追は、それを実際におこなうことが困難であった。そのために、「国際法は道徳にすぎない」と見る人さえもあった。それは世界の秩序をたもち、人類の幸福をまっとうするために、不幸のことであった。文明をたっとぶ人類としては、これが是正に力をいたすべきであった。

日本人は、この理をたっとび、東京にその裁判所の設けられることを歓迎したものであった。しかるに、その裁判は、情実をもっておこなわれた。日本人が、もしも、そのような情実的な裁判に満足するならば、それは科学をかろんじ、文明をたっとばない民族であるとの証明になる。また米人たちの不公明な策謀に乗ぜられて、裁判の神聖をけがすことに与《く》みする民族となるのである。このようなことは、大敗戦と降伏という恥辱のうえに、さらに、文明の裁判を理解しないという一大汚名をかさねることになるのである。私は、かかる卑怯な態度をとることを拒絶する。

東京の軍事裁判が、純法理的でなかったことについては、雑誌『思想』の一九五二年六月号に、松谷久男氏の筆になる「対日輿論および占領政策における天皇」と題した一文がかかげられてあって、くわしくその情実のことが出ている。そして、その情実にかんして、カナダの実業家の、つぎのような告白も引用されている。

「日本における私自身の経験にもとづいて、いつも感じるのだが、われわれの最大のあやまりは、天皇を存置したこと、および天皇が軍事的補佐官にだまされたのだという、愚劣な神話をまきちらしたことである。もちろん、天皇を存置したには理由がある。しかし、連合軍の日本上陸が、ひとたび成功したうえでは、それらの理由は、われわれが自らの偉大な民主主義の伝統にたいして、真実でなかったこと以外のなにものでもない。」

ある者はまぬがれ、ある者は絞首刑に処せられたりするところには、文明のあろうはずがない。民主主義などは存在しないのである。日本人としては、自国の元首ひとりの利益のみをおもんじて、世界の秩序をみだすことを、不法として排斥せざるをえない。その理は、日本憲法の「前文」第三項に明らかにしてある。(憲法「前文」第三項、「われらは、いづれの国家も、自国のことのみに専念して他国を無視してはならないのであって、政治道徳の法則は、普遍的なものであり、この法則に従ふことは、自国の主権を維持し、他国と対等関係に立たうとする各国の責務であると信ずる。」)

われわれ日本人は、みずから定めたこの憲法を忘れてはならない。奴隷式の尊王論にいたっては、今の日本においては、その「民主日本の国是」をくつがえすものである。文明人としての道義を破るものである。人間たるの権利を放棄することである。日本人たるものは、とうてい、それを認めることはできない。

2　天皇退位の問題

「降伏日本」と称する一大醜態は、日本の人民がつくりだしたものではない。それは天皇自身がつくられた、日本国はじまって以来の一大事態である。日本民族のために、すなわち、主権の本体である「人民の集合体」のために、この未曾有の一大恥辱をこうむらしめたことは、天皇の負わるべき重大な責任である。

旧憲法にもとづいて、天皇には責任がないととなえる人は、今日の民主日本の人民たる権利と道義とを、そなえていないものである。そのはなはだしく卑屈な人にいたっては、「戦争をおわらしめたのは、天皇であった。天皇は、日本民族を危地から救いだされたのである。」と、声高らかにとなえ、天皇の仁徳をたたえるものすらある。

それは、開戦の宣言は天皇がおこなわれ、戦争の継続は天皇が指揮されたという事実を、まったく棚にあげて、ただ、たんに終戦の一事実のみをとらえて、この戦争をものがたっている人のことばである。私は、これらの人の賛辞を、古風な、且つ卑怯者のヘツライであると見るものである。人民の苦痛を念とせられるならば、天皇はもっと早く、戦争休止を命じらるべきであった。

天皇は、無謀の戦争をはじめられた。そうして、人民の空しく死屍となって海外に捨てられたもの、海中に葬られたものは、じつに二百万人にたっしている。戦禍をこうむったものにいたっては、数千万人の多きにおよんでいる。日本の領土は半分に減った。物資はうしなわれた。植民地はことごとく、うばわれた。八千万人の今後の生活は、至難をきわめている。天皇は、深夜、鬼哭啾々《きこくしゅうしゅう》の悲惨を、天と地とに接して、しずかに聞かるべきである。

天皇は、「情は父子である。」と、人民にむかって宣《の》べられたが、その仁心をもって、全人民にたいし、「この一大惨禍は、じつにわれの責任である。」と、みずから、わびらるべきであった。聖武天皇のような昔の天皇は、天災地変が生じたときには、それは天皇の徳が不足していたからだと言って、天地にたいして、その身を責められたものである。それあってこそ、はじめて「情は父子なり」の勅語も、意義をもつのである。

しかるに今日の天皇は、このことをおこなわれなかった。そうして、終戦後、全国各地に悠々と旅行なぞせられた。それでは、賢明仁慈の天皇とは、今の人も、将来の史家も、たたえることをしないであろう。けだし、このようなことは、輔弼《ほひつ》の大臣や側近の者たちに、賢明な人物がひとりもいないためであろう。

天皇の側近の者は、マックアーサーに天皇を紹介して、その住宅に、天皇をして訪問せしめた。それは、天皇を戦犯の危地から脱せしめる方策であったと伝えられている。マックアーサーは、天皇とならんで写真をとった。そのマックアーサーは、あたかも元首のごとく、先輩のごとく身がまえ、その天皇は、あたかも恩師にたいする子弟のごとき直立の姿勢に写っていた。それが社会に公表されている。これは、日本天皇の名誉ではありえない。これは、天皇の側近者の人物が、はなはだしく小粒であることを示した一場面である。

米人の新聞記者マーク・ゲインの書いた『ニッポン日記』によれば、マックアーサーは三回めの対面にはじめて、「陛下と呼んだ。」ということである。一回と二回とは、占領軍総司令官としての威厳をたもって、天皇に接したことが、それでよくわかる。

天皇は降伏されたけれども、降伏の手続きは、参謀総長と外務大臣とにとらせていられる。それで、占領時の天皇の対敵態度はおわるべきであった。天皇は、それよりもまず、日本人民にむかって、その過失をわびられ、かつて公言された「父子の情」をしめされ、全人民をして、天皇の至情に感泣せしむべきであった。天皇は降伏の放送を、みずからなされたのである。さらに、その歩をすすめて、人民にむかって直接に、その悔悟の誠意を述べらるべきであった。天皇は過《あや》まっておられる。

天皇は、道義上、人民にたいして責任がある。天皇は、その責任を自覚され、その地位を去られるのが、天皇として至当である。皇室典範のごときは、どうにでもなるのである。権力のまったく伴なわない今日の皇位に、天皇権力万能主義をもって、多年、天皇の地位におられた人が、旧のごとくに恬然《てんぜん》として坐っておられるのは、威儀あるものとは、すべての人類からは見られえないであろう。

正直な学者や、天皇のために名誉を思う人びとは、天皇の退位を、公然と論じたのであったが、それは至言であった。「天皇の退位を論じる人間は、非国民である。」と口走った内閣員が一人あったといわれるが、その人こそは不誠実の人である。

今の日本には、人民に主権がある。天皇を無権力のものとさだめ、ただたんに法律上、意義のないシンボルとしたのは、じつに日本人民である。（憲法第一条）その日本人民が、天皇にかんし、すなわち一人の人間にかんして、その退位を論じることは、人民の自由でなければならない。それは基本人権の作用である。その自由の人民を指して「非国民」であるとののしるがごときは、人間の基本人権を軽んじるものである。それは憲法の無視者である。すなわち「国の組織《コンスチチューション》」を破るものであって、その人こそは、じつに非国民であるといえる。

天皇は、退位されるべきである。そうして、今の皇居から天皇家を、いっさい引きはらわれ、今後は適当の官舎に住まわれ、その経済をちぢめられて、人民の負担をへらすの誠意をしめされ、人間として、正しく、たのしく、「健全に生存」せらるべきである。

幕末において、幕府方と朝廷方とは、国際法上の二つの交戦団体となった。海外の列国は当時、局外中立を宣言したのであった。幕府方の主脳であった将軍、徳川慶喜は、戦わずして朝廷方に降伏を申しいれた。その結果として、江戸城は朝廷方に、降伏規約をもって、引きわたされたのである。

幕府方は、俗人史家が論じているような「賊軍」ではなかったのである。すなわち江戸城は、戦争によって天皇方が手にいれた一大戦利品ともいうべきものである。江戸城はこうして朝廷方のものとなった。そうしてそれは、一国の新しい主権者の居城となったのである。徳川家康以来およそ二百七十年間にわたって、江戸城はじつに日本の主権者の居城であった。

しかしながら、今日の天皇は、すでに日本国の元首ではない。権力の主体ではない。ただたんに、シンボル（象徴）にすぎないのである。シンボルの法律的の解釈は、別にこれをおこなうことにするが、そのシンボルには、主権者の居城は、住宅としては、不釣りあいである。もはや、その用法を変えるべき時である。

日本の新憲法によれば、皇室の財産は、すべて「日本の国」にゆずられたのである。（憲法第八十八条「すべて皇室財産は、国に属する。すべて皇室の費用は、予算に計上して国会の議決を経なければならない。」）

天皇は、旧時のように、宮城をそのまま占有して、それを住まいとしておられる権利をもっていないのである。法律をもって、この憲法第八十八条は、それを動かすことは絶対にできないのである。天皇は、憲法にもとづいて、この法理を守らるべきである。（憲法第九十九条「天皇又は摂政及び国務大臣、国会議員、裁判官その他の公務員は、この憲法を尊重し擁護する義務を負ふ。」）すべて憲法に反する行政は、憲法上、無効である。（憲法第九十八条「この憲法は、国の最高法規であって、その条規に反する法律、命令、詔勅及び国務に関するその他の行為の全部又は一部は、その効力を有しない。日本国が締結した条約及び確立された国際法規は、これを誠実に遵守することを必要とする。」）

人民は、この法理を、みずから打ちけす権利を有してはいない。国会も政府も、この点の理解をまったく欠いている。それは憲法上、不法である。世の偽善者は、あるいは、この議論に反対するであろう。しかしながら、偽忠は、民主日本から見るならば、それはゆるすべからざる不逞の思想といえる。

3　敗戦と天皇の立場

これまでの明治憲法にもとづいていた天皇統治万能式の政治は、天皇と天皇の政府とが、ポツダム宣言の各条項を、そのまま受けいれて、降伏したときに、必然にその存在は失わるべきものであった。なぜならば、同宣言の第十には、「日本政府は、日本人民の中に、民主主義傾向を復活させ、且つそれを強力にすることに背反する一切の障碍を除去すべきこと、言論、宗教、思想の自由、並びに基本的人権は確立さるべきこと」を厳粛にあげてあるからである。

天皇統治の主義は、主権在民の主義とは、とうてい両立しえないことは、なんぴともよくわかる理論である。それは、主権はただたんに一つあるべきものだからである。日本の天皇と、その政府とは、いよいよ敗北の極にたっし、ポツダム宣言を受けいれて、降伏しなければならない窮地におちいったときに、敵国の米、英、チャイナおよびソ連にたいして、

「ポツダム宣言は、主権者としての天皇の特権を阻碍《そがい》するような、なんらの要求も含んでいないものと了解する。」

ということを一条件として、ポツダム宣言の受諾を、あえて申しいれてみたのであった。それは、一九四五年(昭和二十年)八月十日のことである。それは、敵国から一蹴さるべきものであることは、ポツダム宣言第五の「われらの条件は左のごとくである。われらは、右の条件から離れることはないであろう、右にかわる条件は存在しないのである。」という文言に明らかであった。

はたせるかな、日本の天皇の、この申しいれは、四つの敵国によって、すげなく一蹴されたのである。そうして四つの敵国は、「われらの地歩は左のごとくである。」と明記し、「降伏の瞬間から、天皇および天皇の政府が、日本を支配する権力は、占領軍総司令官の下に隷属すること、総司令官は、降伏条項に適応する処置をとること、日本の政体(form of government)は、ポツダム宣言にしたがい、日本の人民が、自由に表示した意思により樹立せらるべきこと。」を、日本の天皇および政府にたいして、きびしく指示したものである。それは、翌日の八月十一日のことであった。

日本の天皇と政府とは、なか二日おいて八月十四日付をもって、四つの敵国にたいして、「ポツダム宣言の受諾」を申しいれ、降伏条件を完全に果すの用意ある旨を申しおくったのである。

この外交は、人民にはまったく秘密におこなわれた。

ラジオは、毎日、「国体護持の必要」を全国にむかって放送していた。政府が対内的に、この政策をおこなって、人民をあざむいていたのである。このようにして、ポツダム宣言は、一方的の宣言たる形をあらためて、四敵国対日本国の合意となったのである。日本人民は、この合意により、列国にたいして民主日本となるの義務を負うことになったのである。

日本人のなかには、この事実を知らないものが多い。それは日本政府が、この事実を正しく人民につたえずに、終戦連絡事務局から、人民をあざむくような公文を発表しているからである。それによると、「八月十日払暁の閣議において、ポツダム宣言は、国体を変更するの要求を包含しておらずとの趣旨の了解を明らかにして、右宣言を受諾することに決定せり。」と書いてある。（終戦連絡中央事務局出版『終戦事務情報』第二号）

日本政府は、内外をあざむいている。日本の官僚の伝統的な悪政策である。この欺瞞に乗ぜられて、自由党の最初の綱領は、定められたものとみえる。同党の要人も、「国体は護持せられた。」と語っていた。自由党の綱領には、その冒頭に、「国体護持」の四文字がかかげられてあった。

国体護持とは、「大日本帝国は万世一系の天皇これを統治す」ということである。このことばは、ポツダム宣言への反抗である。民主国日本の破壊である。日本人民は、この事実を十分に理解し、人民の責任をまっとうすべきである。この事実を知らずに、あいもかわらず、国体護持などをとなえているものがいるならば、それは日本の国是をおびやかし、列国の信頼をうしなう結果をまねくであろう。警戒すべきことである。

この点にかんして、日本の官僚の責任は重大である。日本の官僚は、人民をあざむいて開戦し、人民をあざむいて戦争を継続し、人民をあざむいて降伏したのである。人民は、とうてい、日本の官僚を信じることはできない。

このようにして、ポツダム宣言は受けいれられた。ポツダム宣言は、一九四五年（昭和二十年）七月二十六日に世界に公表されたが、十三の箇条からなっている。この十三の箇条が、すなわち「ターム」term である。日本語でいえば、「条件」である。したがってポツダム宣言の受諾は、日本の政治家が、つねに口にしているような「無条件のもの」ではない。りっぱに「条件」のついた降伏なのである。

その無条件というのは、「日本の軍事力の無条件降伏」のことにすぎない。それは、ポツダム宣言第十三の「われらは、日本国政府がただちに、全日本国軍隊の無条件降伏を宣言し、かつ右の行動における日本国政府の誠意につき、適当かつ十分なる保障を提供せんことを、日本国政府にたいして要求する。」という文言に明らかに記されてある。

このポツダム宣言を受諾することによって、天皇が、旧憲法のごとくに、日本の統治権者としてとどまることを、四つの敵国が承諾しなかったのである。天皇の地位は、このポツダム宣言の受諾によって、これまでとは、まったく変わったものとなることが、約束されたのである。この根本の理を、日本人としては十分に理解することが、大切である。天皇がみずから、その自由意思をもって、受けいれられたのである。したがって、それは完全に有効のものである。

4　敵国の日本占領と天皇

日本国は、連合軍によって占領された。そのうち、日本の本土は、米英の二国軍によって占領された。朝鮮は米ソ二国軍によって、樺太・千島はソ連軍によって、南洋群島は米軍によって、満州国（租借地および鉄道附属地をふくむ）は、チャイナおよびソ連軍によって、占領された。東京の市中には、米国兵がいたるところにいた。空中は、米国空軍の独占であった。

「降伏後における米国の対日第一次方針」というものがある。九月六日、米国大統領の承認をへて、占領軍総司令官マックアーサーに送られてきたが、そのなかに、つぎのような一節がある。

「右方針は、最高司令官をして、米国の目的達成を目当てとする進歩的変革を妨害して、天皇または、その他の権力を支持することを、委ねるものではない。右方針は、日本において、現に存在する政体を用いること（use）であって、それを支持（support）することではない。日本の封建的および権力的傾向を変更するために、日本人民または、政府が、発案する政体の変更は、許可せられ、かつ声援（favored）せられるであろう。」

これは、一九四五年（昭和二十年）九月二十三日に、日本において、公表されたものである。

この米国の方針は、ポツダム宣言にもとづくものであって、日本の天皇は、旧憲法第一条の規定により、引きつづき日本に君臨し支配することを許されないということが、きびしく示されたものである。この点米国として、法にかなった、すなわちポツダム宣言にかなった対日態度であったといえる。

このようないきさつがあるにもかかわらず、日本の天皇と政府とは、民主主義による憲法の制定を、誠実におこなわなかった。日本の政府により、松本案というものが示されたが、旧憲法と、その本質はまったく変わっていないものであった。

当時の内閣の大臣は、「憲法改正の必要はない。」と新聞記者にかたり、美濃部《みのべ》達吉博士は、「憲法の改正にはおよばない。解釈の方法を、民主的におこなえば、それで足る。」と記者へ口外した。また新聞の投書欄にも、「憲法は改正におよばず。」と書き、それが記者からとりあげられていた。
（当時の「朝日新聞」）

そこで私は、一文を朝日新聞に投じて、憲法の改正または新憲法の必要であることを論じてみた。それは同紙のとりあげるところとなったが、長すぎるというので、大分にちぢめられて新聞の片隅の『声』欄にのせられた。

日本は、ポツダム宣言を受けいれながら、はなはだしく不誠実であった。列国としては、この不誠実を許さないのは国際法上、当然の権利であった。そこでマックアーサーは、その幕僚に命じて、日本憲法の原案を起草せしめることになった。それにかんする事情は、前にあげたマーク・ゲインの『ニッポン日記』によって、日本人に知られることになった。

最近には、毎日新聞の『占領秘話』にも、当時の事情が書かれるようになった。マーク・ゲインの記するところは明らかであって、日本人に深い感興をわかせるものがある。私は同人に感謝して、その日記を読んだ。日本人のなかには、それを悪くいう人もあるが、とにかく日本人のためには、よい参考文書である。

その『日記』によれば、つぎのように要をつまんで書いてある。マックアーサーが堅持した、日本の新憲法の大原則である。

一、日本は、永久に戦争を放棄し、再軍備しないこと。

二、主権は、人民に帰属せしめる。天皇は、ただ国のシンボルと叙述せられること。

三、貴族制度は廃止される。皇室財産は、国に帰属せしめられること。

（『ニッポン日記』第一一二ページ）

この三原則を解釈してみれば、日本には永久に軍備をおかないこと。天皇は、日本国の統治権者であらしめてはならないこと、天皇は、ただたんに日本国のシンボルとして存在せしめること、すなわち無威無力の存在としてとどめること。天皇を取りまいている「一千戸の華族」、すなわち伊藤博文《ひろふみ》のとなえた「皇室の藩屏《はんぺい》」を取りはらい、天皇家を無力の一家としてのこすこと、さらに日本第一位の富力を有し、世界の皇室中の一または二位にあった天皇の財力を、いっさい天皇から切りはなして、日本国、すなわち、日本のネーション nation または日本のピープル people にゆずりわたすことを指示し、これを確立させたものである。この米国の政策は、ポツダム宣言に適応したものといえる。国際法からみて、当然の処置であった。

　ところが、さきに述べたように、当時の日本の政府は、「終戦事務情報」第二号をもって、「畏《かしこ》くも、一億民草の康寧《こうねい》と、人類の福祉とを、深く御軫念《しんねん》あらせらるる天皇陛下の大御心《おおみこころ》を体し、之に副《そ》い奉るべく、八月九日以来、軍統帥部《ぐんとうすいぶ》とも連絡し、慎重なる熟議を重ね、御聖断を仰ぎたる結果、八月十日払暁の閣議に於て、ポツダム宣言は、国体を変更するの要求を包含し居らずとの趣旨の了解を明らかにして、右宣言を受諾することに決定したり。」と書いて、当時の事実にまったく反したことを、公文をもって人民にしめしている。

　そのために、この米国の態度は、あたかも、日本との約束に反し、米国の専横をしめすもののように感じさせるけれども、非は米国側にはなく、じつに日本政府側にあることを、人民は理解すべきである。

　この当時の歴史は、正しく後世につたえられるべきである。私は、その目的をもって、このように、政府が秘密にしている当時の秘事をあばいているのである。それは、私の言論の自由であり、民主日本のために、学者の良心をもって、この記述をおこなっているのである。大戦中の日本の政府は、敗戦をいつわって人民に報道し、人民をまよわし、無益に人民を死傷せしめていた。敗戦後の政府も、おなじく人民をあざむいている。このような日本の政府は、民族の文明福祉のために、その用をなさないのである。

5　日本の新憲法と天皇

憲法第一条と天皇の地位

新憲法の草案は、米人の手でつくられた。それを時の政府は、政府の案として、議会に提出した。両院は五十日をついやしてそれを討議し、なにほどか筆をくわえて成立した。そうして天皇から公布された。法にかなって成立した日本の新憲法である。

この新憲法の第一条には、「天皇は日本国の象徴であり日本国民統合の象徴であって、この地位は、主権の存する日本国民の総意に基く。」と定められてある。文字の用法が、奇異であり、人民に疑問を生ぜしめている。

その英文はつぎのとおりである。

Art.1. The Emperor shall be the symbol of the State and of the unity of the people, deriving his position from the will of the people with whom resides sovereign power.

日本文の憲法は、この英文の翻訳である。それであるから、英文の憲法、すなわち原案と照しあわせて、解釈することが適当である。英文のほうには「日本国」という文字はない。ただたんに「国」stateと書いてある。また「国民統合の象徴」という文字ではない。「人民結合の象徴」unity of peopleと書いてある。この英文のほうが、意義が明らかである。

新憲法の「前文」によれば「国」state「国民」nation「人民」peopleの三様の英文字がつかわれてあって、その三様の文字の日本訳は、整一がとれていない。「人民」peopleを「国民」nationと訳したり、「国民」nationを「国家」stateと訳したりしていて、用字法がみだれている。

憲法第一条にある「国」という文字と、「人民の結合」とは、英語でいえば、内容のおなじ文字である。人民が結合して、国というものが生じるのである。もしも「国民統合の象徴」という文字は、「天皇によりて国の人民が統合せられること」のように解するならば、それは「天皇に主権がある」ということになる。

それでは第一条の「主権の存する日本の国民」という文字は、その意義を有しないものとなる。

主権は人民にあるのである。それであるから、人民は、人民の有する主権によって統合せられているのであって、天皇によって、人民は統合せられるのではない。

天皇は、国の象徴であるという条文は、天皇は国の統治者ではないことを明らかにした文字である。旧憲法の第一条にたいして、新憲法の第一条がおかれているのである。「天皇これを統治す」との旧憲法第一条の文字をとりはらって、「国のシンボルである」と変えたのである。シンボルとは、しるしである。権利の主体でないということを、シンボルの文字をもって示したのである。「象徴」とは、文学者流の用語のシンボリズム、すなわち代表ということではない。天皇は日本国の代表ではない。そんな権限は、新憲法が全然あたえていない。（憲法第四十一条「国会は、国権の最高機関であって、国の唯一の立法機関である。」）

天皇は、国の元首（head〈英〉・chef〈仏〉）ではない。天皇は、国の元首と見らるべき権利を有していない。天皇の地位は、人民がみとめて、天皇に与えたのである。天皇固有の権利ではない。天皇の祖宗から与えられた地位ではない。

天皇は、神ではない。神代というものも否認されている。したがって、神勅はすでに無効のもの、または偽りのものとなっている。「天壌無窮の皇運」というものは認められない。「一天万乗の君」とか「君は天」とかいうことは、すでに消えてしまった文句にすぎないのである。

新憲法の「前文」には、「主権は人民とともに在ることを宣言し、この憲法を堅実に建設した。」

と書いてある。天皇には、立法、行政、司法の権力は、まったく認められていないのである。国の象徴ということについて、それは、「天皇へのあこがれである。」と説く官僚があった。小説的ではあるが、法律的では、まったくない。まったく、そのわけが分からない。

ある人は、「天皇の地位が形式的なものにすぎないか、実質的のものでもあり得るかは、憲法の文字だけではきまらない問題である。もし国民の、そしてまた国民の代表者としての地位を確保した政府の、政治的意図と、政治的心理とが、象徴としての天皇に、重大な役割りを与えようとするものである場合には、憲法の定めた形式的儀礼的な性格規定にもかかわらず、天皇は、そのように実質的なものでもあり得るであろう。そうしてそこにこそ、まさしく、日本憲法の定めた天皇制の本質があるといわなければならぬのであろう。」（『思想』第三三六号、鵜飼信成氏の説）と論じている。

この説のように、天皇の地位が、これを動かそうとする不法な政府の政策によって、ふらふらするものであるならば、日本人は、はなはだしく、その基本人権の危険を感ぜざるをえない。憲法上、明らかに主権は人民にある。日本人民は、そのような危険な憲法をつくったとは思っていないのではなかろうか。人民は、憲法の明文を楯として、「政府」と称する「公務員の集合体」にすぎない一機関の勝手なふるまいを、断固として打ちやぶることが、その正当な権利である。

憲法上、今日の政府は、天皇を使って、自分かってな行動を、なしえないはずである。政府は、最高の機関ではない。最高の機関は、国会である。（憲法第四十一条――本書の二九頁）最高の機関であると定められている国会の解散にかんしても、天皇は、国会の下位にある政府のいうままに、すなわち助言のままに、衆議院を解散する権利はない。天皇は、「国民のためにのみ」、その解散の手続きをおこないうるのである。（憲法第七条）

フランス、イタリアの新憲法のごとくに、国会すなわち「人民の代表」の意思を、問うべき必要がある。英国風の解散は、日本の憲法には、もはや適用不能であることを知るべきである。しかしながら、いまだに、政府や議員のあいだに、この新しい法理が、ほとんど理解されていないというのが事実である。（フランス国憲法第五十一条、イタリア国憲法第八十八条。）

人間天皇と憲法

新憲法によれば、天皇は「神聖にして侵すべからず」というような地位のものではない。そのように解釈されるような条章も、まったくない。

昭和二十一年一月一日の勅語には、「天皇は国民と共にある。」と述べられてある。天皇は、現人神《あらひとがみ》というようなものではない、人間であると、天皇みずから、人民に宣言されている。これは、米人の指図があったにせよ、正しいことである。

人間は法律のまえに平等である。人間は、その出生や門地によって、他の人間と区別されないことが、憲法をもって定められている。天皇は、人間であるからには、平等の法理に立たれることが適法である。不敬罪がとり消されたのは当然であった。それに反対した人間は、人権を放棄して、みずから奴隷となることを望んだものである。

陛下という一種の尊称は残っている。しかし、それは憲法上の尊称ではない。したがって、絶対的の尊貴は、その敬語にはありえない。人は社会的には、おたがいに尊敬をもって他人に接する。それは人間おたがいに、人間の権利を尊敬するのである。君といい、様といい、殿といったところで、その人を、不平等の人間として取りあつかうのではない。憲法は、それを認めない。

天皇は、なにほどかの国事をおこなう権利がある。天皇がその国事をおこなわれるについては、憲法上、内閣の助言と承認とを必要とする。（憲法第七条）したがって内閣が、その行為については責任を有することに、憲法上、定められている。それあるのゆえをもって、天皇は「神聖にして侵すべからず」と解釈する理由もない。天皇は、憲法に定めてある以外の国事については、憲法上、まったく、権利を有していない。天皇が国事をおこなうについては、それを「国民のためにおこなうべきもの」であって、自己のためや、政府のためにおこなうことを許されないのである。（憲法第七条）

天皇は、行政権を有しない。行政権は、憲法上、内閣に属するのである。（憲法第六十五条「行政権は、内閣に属する。」）ベルギーの国王や、アメリカの大統領は、憲法上、行政権をおこなう権利を有している。日本の天皇は、国の元首ではない。ただ、なにほどかの形式的な公務をおこないうる権利のみを有している。それであるから、天皇は一種の公務員であると解釈して、不当ではないのである。

天皇は人間である。天皇の乗用車にむかって、人民が歌をうたったからとて、また人民が天皇に、何事か質問をなしたからとて、憲法上には、それが不法であるとみるべき、なんらのよりどころもない。今日において、天皇を神のごとくにあがめるのは、憲法を無視するものである。時代を理解しないものである。

天皇をもって、人民の道義の基本とするなどは、人間平等の法理を軽んずるものである。歴史のうえから見ても、それは、奴隷的な卑怯者の媚びへつらいであって、決して真理ではない。天皇は、昔から、つねに聖人であったという歴史はない。かえって不倫の人も、暴行者もいたのである。「天皇は無条件に民主のために尽くす」というようなことは、憲法上、不当である。天皇の国事にかんする権利には、制限がある。

天皇は、保守主義の人がいうような、人民の信仰の中心であるべき理由がない。天皇は、宗教の師ではないのである。

天皇のために、人民から寄付金をつのって、天皇の住まいを新築するなどという主張は、憲法上、不法である。全国の市町村長会議において、かつて、この種のあやまった決議がおこなわれたということは、全国の市町村長に、日本の憲法を守るの誠意がないことを明らかにしている。彼らは、憲法第八条の「皇室に財産を譲り渡し、又は皇室が、財産を譲り受け、若しくは賜与することは、国会の議決に基かなければならない。」という条文を見たことがないのであろう。

今日の時代に、全国の各学校において、「君が代は千代に八千代に」と、合唱せしめたりすることは、民主憲法の破壊をくわだてる不法の行為である。今日は、憲法に明らかなように、人民の時代である。また国体護持を主張したり、天皇権力主義にもどることを主張したりすることは、憲法違反である。

天皇は、外国の大使や公使を接待する権能を有している。しかしながら、それは天皇を国の元首と見ることではない。ただたんに、外国人との応接にすぎない。そのために、とくに壮大な皇居を新築すべしというようなことは、民主憲法を忘れたものの言うことである。天皇は、日本の主権者ではない。主権者として外人に応接するのではない。ただたんに、ひとりの日本人として、儀礼的に外人との応接をするにすぎない。簡素であるべきものである。

天皇は、形式的な権利を有している。憲法第七条に、「天皇は内閣の助言と承認により、国民のために、左の国事に関する行為を行ふ。」とある。それは、つぎのとおりである。

一、憲法改正、法律、政令および条約の公布

二、国会の召集

三、衆議院の解散
四、国会議員の総選挙施行の公布
五、国務大臣および法律の定めるその他官吏の任免並びに全権委任状および大使および公使の信任状の認証
六、大赦、特赦、減刑、刑の執行の免除および復権の認証
七、栄典の授与
八、批准書および法律の定めるその他の外交文書の認証
九、外国大使公使の接受
十、儀式の挙行

天皇は、右にあげた国事にかんする行為のみをおこなう権利を有している。国政にかんしては、権能を有していないのである。（憲法第四条「天皇は、この憲法の定める国事に関する行為のみを行ひ、国政に関する権能を有しない。天皇は、法律の定めるところにより、その国事に関する行為を委任することができる。」）

憲法が新しくなったにもかかわらず、官僚は、しぶとくも旧習を追っている。人民も、多くは頑《かたく》なであって、明治以来つくられた尊王の考えをすてない。それは、誠実の人民とはいえない。旧憲法時代には、それを守るのが人民の義務であった。しかし今日の人民は、今日の憲法を守る

ことによって、はじめて、民主国の正しい人民といえるのである。人民は、すみやかに、その考えかたを時代の必要に適応するように改むべきである。

新憲法には、皇族というものは、認められていない。ただ憲法第二条の「皇位は、世襲のものであって、国会の議決した皇室典範の定めるところにより、これを継承する。」という条文にもとづき、「皇室典範」という法律があって、その法律には、皇族というものを認めている。（皇室典範第二章）その皇族とは、天皇一家のことである。それは、皇位継承上の便宜のために設けてある一制度である。しかしながら、その皇族というのは、貴族ではない。なぜなれば、貴族の制度は、憲法をもって、それを廃止されているからである。（憲法第十四条「すべて国民は、法の下に平等であって、人種、信条、性別、社会的身分又は門地により、政治的、経済的又は社会的関係において、差別されない。華族その他の貴族の制度は、これを認めない。栄誉、勲章、その他の栄典の授与は、いかなる特権も伴はない。栄典の授与は、現にこれを有し、又は将来これを受ける者の一代に限り、その効力を有する。」）

新憲法によれば、天皇は、右に述べたごときものである。

しかるに、この新憲法を無視して、旧憲法とおなじような対天皇観が、あいもかわらず日本にあって、それを持続することが、正しい思想であるかのように主張する人間が、今日なお多く存在している。不心得な人たちといわねばならぬ。けだし、そのよって来たるところは、古来の日本歴史を、明治以後においてあやまって解釈したこと、また明治以来の天皇の数多い勅語と、さらに御用歴史家による維新史の誤解曲解とによることが明らかである。それであるから私は、それらの曲解や誤解や虚偽を突き、正しい観念を人民に呼びおこさせることが急務である、と信ずるものである。

それについては、別の章に、私の研究を述べることにする。その多くは新説であって、頑冥固陋の石頭からは、反感を受けるであろう。けれども、すべては古書や新書を読んで、その結果を冷静に書きつづったものである。順序をおって語ることにする。

さて、右に述べたように、日本の天皇は、新憲法によって、まったく、その権力を剝がれたのである。それは、主権者の地位が、すっかり、あらためられたことになる。

主権者の地位を変革することを、世界の通念上から「革命」といっている。その革命には、いっぱんに、暴力がもちいられるけれども、平和のうちに主権者の革《あらた》まることが、日本の歴史にはある。慶応三年十月に徳川慶喜が、平和のうちに、二百七十年来の統治権を放棄した事実が、それである。それを「大政奉還」と称してきたけれども、もともと天皇には政権はなかったのが、長いあいだの事実であった。それであるから、法理的にいえば、「大政奉還」は、偽りである。これは、あきらかに権力の放棄である。

こんどの日本の主権者の変革は、その遠因は、大戦争の大敗という暴力的な事実にあるけれども、その近因は、平和に、適法に憲法を定め、それによって天皇の権力は、人民に移ったのである。それゆえに、科学的にいうならば、平和的な革命である。理論上、これが正しい見解である。

幕末に王政維新がおこなわれ、昔から将軍の手にあった権力は、天皇の手に移った。その維新をもって、日本人は、日本史上いまだかつてない重大事件であるものと称し、天皇に権力のあることが、日本の本態であるとこじつけて、天皇の権力は万世にわたって継続するもの、またすべきものと誇称していた。しかしながら、それは一時の夢であった。

一八六七年、すなわち慶応三年以来、天皇権力主義は持続されたけれども、一九四五年（昭和二十年）には、日本の主権は人民の手に移ることが、国際的に定まり、一九四七年には、憲法をもって、「主権在民」は確立したのである。一九四五年までの期間は、わずかに七十九年である。

日本は、はじめから天皇統治の国であったという明治以後の勅語などは、偽りであった。そのうえ、永遠にわたって、日本は万世一系の天皇の統治する国であると称したことも、またおなじく偽りであった。「天壌無窮の皇運」という、明治以来、流行の勅語は、仮想の神託から出たものであったが、明治以来、一時は、それを全人民の信念のごとくに、国をあげて世界に吹聴していたことは、かえりみて、日本人の非科学的な性格をしめすものであったことを、われらは嘆き、かつ悲しまざるをえないのである。「万邦無比の国体」などと呼んだことは、日本人のむなしい誇称にすぎなかった。それは、ドイツ人のとなえた「ドイツは世界に超越す」Deutschland über

Alles との豪語とならんでいた虚栄の放言であったが、二者はともに、いまは消えさった。「奢るものは久しからず」の古語を回想せしめる。

天皇の地位の曲解

美濃部達吉博士は、新憲法にかんし、奇怪なる解釈をくだしている。たとえば、「天皇御一身が、形体的に、国家の現われである。」という解釈のごときが、それである。「天皇の御一身は、国家である。」というような見解である。それでは、天皇即国家説となるのである。同氏は、機関説をすてて、天皇主権説に変節したのであろうか。また同氏は、「国民の統一が、天皇の御一身によって、表現せられるのである。」と説いている。それは、天皇によって、人民が統一せられるとの解釈にとれる。奇怪な言論である。同氏の解釈は、民主日本を破るものである。

一九五一年（昭和二十六年）四月十一日の時事新報夕刊の社説に、「天皇の尊厳は、新憲法において、少しも影響されるものではない。いな天皇は、日本国および日本国民統合の象徴として、むしろかえって、大いに、その尊厳をくわえたのである。天皇にたいして、不敬無礼の行為をなすものは、日本国および日本国民自身の尊厳を侵すものにほかならない。かつて天皇を国民から引きはなして、天皇は神聖にして侵すべからずといったものよりも、日本国および日本国民の象徴としての天皇の尊厳こそ、内容的にも、実質的にも、最高至上のものとなったのである。」と論じ立てている。

この論文は、憲法の「前文」も、憲法第一条、第四条、第七条も、まったく、かえりみずに、その論者の旧式の思想をそのままに、無遠慮に書きだしているのである。この論者のいうところは、「天皇即国家」である。「天皇は国民統合者である」というもののようである。主権は国民にあるということをあざけり、天皇は、国の統治権者であった旧時代の事態よりも、天皇は最高至上の人となったと解釈しているのである。主権以上の尊厳のある権力者であると説くのである。いかにも奇怪な説である。この論によれば、日本は天皇の国であって、民主国ではないということになる。これは、民主日本の覆滅論である。日本民族の今日の組織をやぶる説となるのである。この説は、憲法からはなれた一種の迷信説である。なんぴとも、それが新聞の社説であるのにあきれざるをえまい。

それならば、いったい、明治以後「現人神《あらひとがみ》」といわれてきた天皇は、歴史上、どういう地位のものであったか。人民からは、どのような取りあつかいを受けていたものであったか。私は、つぎの章で、その成りたちを見ることにする。

二　明治憲法と天皇の権力

1　明治初年の天皇と世論

一八六八年（明治元年）三月には、天皇は、「五箇条の誓文」をもって、神明にちかわれた。それは人民にたいしての誓いではなかった。それによれば、「我国未曾有の変革を為さんとし、朕躬《み》を以て、衆に先んじ、天地神明に誓い、大いに斯の国是《こくぜ》を定め、万民保全の道を立てんとす、衆亦此の旨趣《ししゅ》に基き、協心努力せよ。」と書いてある。そうして、まず第一に、「広く会議を興《おこ》し、万機公論に決すべし。」と宣言してある。

この宣言によれば、当時は、天皇の権力万能主義などは、まったく考えられなかったものであって、政治は、人民の公論によっておこなわるべきものと定められたのである。しかもそれは、神明にたいしての誓いであったのである。それにそむけば、神明の罰をこうむるものと、天皇自身は、思っておられたものと想像する。

一八六八年（明治元年）四月二十一日には、『政体書《せいたいしょ》』が、太政官《だじょうかん》から出された。それには、くだいて言うと、つぎのように書いてある。（註一）

「昨年の冬に、皇政維新がおこなわれた。わずかに三職が置かれ、つづいて八局が設けられ、事務の分掌がおこなわれたが、兵馬そうそつのさいであったから、事業はいまだに拡められていない。それだから、今回、五箇条の誓文を目的として、政体や職制が改められた。それはいたずらに変更を好むからではない。今日まで定っていなかった制度や規律を、立てたわけであって、これまでと食いちがいがあるわけではない。それであるから、すべての官吏は、この旨を奉じ、確実にそれを守り、これを拠りどころとして、何の疑念ももたずに、おのおのがその職をつくし、万民保全の道をひらき、これを永続させることが、肝要である。」云々。

「天下の権力は、すべて、太政官に帰属せしめられた。それは、政令が二つの線から出ないようにするためである。太政官の権力をわけて、立法、行政、司法の三つとする。それは、権力の偏重が生じないようにするためである。」

「各府、各藩、各県は、それぞれ、貢士《こうし》*を出して議員とする。議事の制度を立てたのは、世論を公けにとりあげて議する政治を実行するためである。」

*維新後、一時、貢士といって、各府、各藩、各県から選抜して、中央に人を出した。世論を反映して、公議するためであった。

この『政体書』によれば、幕府から天皇に移った権力は、天皇に帰したのではなく、太政官に帰したと書いてあるのである。これは、天皇権力万能主義でなかったものと、解すべきであろう。そうして、各府、各藩、各県から、貢士《こうし》を出すという制度であるから、封建と郡県とまじりあった政体であったことを示している。そうしてまた、世論を公議するという政治のやりかたが明らかにされてあるから、民主的な政体とすることが目的であったものと、解すべきである。

このとおりに実行されていったならば、日本はそのころから、民主的な国になっていたのである。徳川慶喜の政権放棄の上書にも、公論政治をおこなうべきことが、明らかにされている。幕府の人小栗上野介《おぐりこうずけのすけ》は、そのまえから、日本を郡県制の国にしなければならぬと、公言していた。日本は、その時代から世界とともに、民主国となるべき方向にすすんでいたのであった。

しかるに、薩長出身者や、公卿岩倉らは、この大勢にさからって、専制主義国の方向に、日本を引きずっていったのである。そういう証拠は、いくらでもある。大久保利通《おおくぼとしみち》の遺した手紙のごときは、そのもっとも有力な証拠である。その手紙には、今のことばに訳すると、つぎのように書いてある。（註二）

「公議府で論じていることは、むだなことが多く、まだ今日の国情には合わないので、一応、とりやめることに、内部ではきまりました。大事件の件は、追ってお運びになられますけれども、まだ朝廷にはしっかりした方針がたてられておりません。それで、一旦は、朝廷の基礎もほとんどくずれて、どうにも手におえない情勢になってまいりました。」

伊藤や大久保らの薩長人は、幕末には勝手なことを主張し、運動し、社会の秩序をやぶっていた人であったが、ひとたび権力者の一人になってからは、自己の権力維持にのみ没頭し、他の言論主張にたいしては、それらの人びとを破壊者として、その弾圧を、仲間とともにとなえ、かつ実行した人である。天皇が神明に誓われた五箇条の誓文などは、彼らにとっては、一片の反古紙《ほごがみ》にしかすぎなかったのである。そのころの天皇は、まったく無力であり、彼ら権勢者の玩弄物《おもちゃ》にすぎなかった。維新後の政情はじつに混乱をきわめたもので、一億一心などとは、まったくの嘘っぱちであった。

日本の人民は不平であった。武力をもって立ちあがった反乱は、各地におこった。内乱は彼らの根拠であった長州や九州に生じた。これに応ずるものも全国いたるところにあった。九州や長州におこった反乱は、政府側の武力におよばなかった。やがて、明治十年に西郷隆盛《さいごうたかもり》のおこした大乱をもって終りをつげた。

それに前後して、言論をもって、専制政府に反抗する憂国者が、日本の各所にむらがり出た。東北地方においては、反政府の声が高くあげられた。三春《みはる》の三師社、会津《あいづ》の愛身社、相馬《そうま》の北辰社、磐城《いわき》の興風社、酒田《さかた》の尽性社、盛岡《もりおか》の求我社、仙台の鶴鳴社、福島県下の岩磐二州会などは、日本にはじめての政治結社であった。東北地方は、幕末に、薩長人から掠《かす》めとられ、辱しめられたので、人間としての憤りが凝りかたまった。それが明治にはいってから、天皇の政府にたいして、どっと爆発したのである。

一八七四年（明治七年）一月になって、板垣退助《いたがきたいすけ》、後藤象二郎《ごとうしょうじろう》、江藤新平《えとうしんぺい》、副島種臣《そえじまたねおみ》、岡本健二郎《おかもとけんじろう》、由利公正《ゆりこうせい》、小室信夫《おむろのぶお》、古沢滋《ふるざわしげる》らは、そのころ名のあらわれた人物であったが、民選議員設

立の建白書を、左院に提出した。（註三）

「私ども伏して、今日の政権の帰属するところを推察するのに、上《かみ》、皇室にあるのではなく、下《しも》、人民にあるのでもない。もちろん官僚が、上、皇室を尊ばないというわけではない。しかるに、皇室はだんだんにその尊栄をうしなってゆく。また人民のことを考えないというわけでもない。しかし、政令はまちまちであり、朝に出たものは夕方には改められる。政刑は情実をもっておこなわれ、賞罰は愛憎から出る。言論はさまたげられ、人民の苦しみは訴えるところがない。」云々。

また言う。

「官僚はいう。欧米の各国でおこなわれている議院という制度は、一朝一夕にできたものではない。しだいに進歩して、今日にいたったものである。それであるから、日本人が、今、にわかに、それをまねることはできない、と。しかしながら、しだいに進歩してできあがるものは、ただ議院だけではない。およそ、学問、技術、機械、みなそれである。しかも、外国が数百年かかってできたものは、その前に手本があったのではない、みな自分で経験をつんで発明したものである。日本がもしも、以前からあるものだけを選んでやってゆくということであったならば、一体、何ができるであろうか。

もしも日本人が、自分で蒸気の理論を発明するのをまって、はじめて蒸気機械を使用することができるといい、また電気の理論を発明するのをまって、はじめて電線を架設することができるというのならば、政府は一つとして、手をくだし得るものはないではないか。」云々。

右の有力者らは、薩長の専制を憤り、五箇条の誓文にある「万機公論に決すべし」という誓約を実行せよと、主張したのであった。そのころの天皇は、薩長のカイライであった。

一八八〇年（明治十三年）四月十三日、有名な政治家河《こう》野《の》広中《ひろなか》と四国の人片岡《かたおか》健吉《けんきち》とは、『国会開設允可上願書』を書いて、天皇にさしだすことになった。この二人の政治家は、じつに八万七千余人の人民の総代として立ちあがったのである。当時、交通は不便であったにもかかわらず、二人は、全国二府二十二県にわたって、賛成者を集めることができたのである。これを、国民の声といっても大して不当ではない。

その上申書のなかの重要なところを、今のことばになおして、つぎに書きぬいてみる。（註四）

「いよいよ王室の安泰をたもち、それをますますしっかり堅めるためには、法律を定め、これにもとづいた政治をするのに越したものはない。王室の存在を危険におとしいれ、王位の安全をうしないやすいこと、専制政治より甚だしいものはない。」云々。

「いわゆる万機公論に決しようとしても、まず国会をつくって、全国から代議人を集めて会議させるのでなければ、できない相談である。」云々。

「専制政治は、昔からの悪習である。立憲政体を立てることは、もはや、今日では、わが国の世論になっている。」云々。

「およそ国家は、人民の集合によってできるものであって、いやしくも国家の事は、人民の事でないものはない。国家がさかんになるか乱れるかは、みな人民が安んじているか、憂えているかに関係しないものはない。」云々。（この一句はたしかに、民主政治の理を知りぬいたことばであるといえる。）

「国家の原素は、人民であり、国は人民によって立つものである。それであるから、人民に自主自由の精神がなく、人民に人民たる権利がなければ、国家は独立する理由がない。」云々。（この一句は、人間の基本人権を主張したことばである。）

そうして最後に、

「これが、私どもが国会開設を望む理由のあらましである。つまり、今日わが国において、国会を開設することは、陛下が、かつて望まれたところであって、言うまでもなく、私どもの望むところ、国家としてはやむをえないところである。陛下は、このことを十分に察せられて、私どもの願いを許され、国家を安んぜられるようねがう。陛下は国家のために、国会の開設を許され、私どもの願いに副《そ》いたまえ。国会開設の方法と制度とについては、もしも開設の許しをえたならば、それにともなった適当の代議人を出し、いっしょに、それを定めるでありましょう。陛下がもしも、私どもの考えを聞きいれようと思われるならば、私どもは書面にしるして、それを差しあげるか、または口ずから述べることにいたしましょう。陛下、願わくは、早く許可したまえ。」

そのころの政治家は、天皇にたいして直接に、このような遠慮のない上書をさしだしたのである。後年あらわれた、奴隷式な天皇崇拝者流とは、その真剣味において、天地の差がある。

この上書は、薩長政府人にさまたげられて、天皇の手もとには届かなかった。政府人のいうところでは、「人民には、政体の改革を願望する権利はない。」ととなえて、人民の請願をさまたげたのであった。薩長勢力は、じつに一貫して、人民の敵であったのである。

一八八〇年（明治十三年）十二月にいたって、自由党の結党がおこなわれた。この大勢におされて、三条、岩倉らは、参議にたいして、立憲政体の採否につき、各人の意見をもとめることになった。これにこたえた人の多くは、漸進主義であったが、ひとり大隈重信《おおくましげのぶ》だけは、意見をただちにしめさなかった。

翌一八八一年（明治十四年）三月になると、左大臣有栖川宮《ありすがわのみや》から、大隈にたいして、すみやかに意見を提出するようにとの督促があった。大隈はこれにたいして、急進的な意見をさしだした。「明治十五年末をもって、議院を選挙し、十六年のはじめに、国会を開くべし。」というのであった。大隈は、薩長人の専横ぶりを不快としていた人である。

一八八一年（明治十四年）十月にいたって、御前会議がひらかれた。そうして、「明治二十三年

（一八九〇年）をもって、国会をひらくべし」ということが議決された。そうして、十月十二日には、国会開設の詔書が発せられた。このようにしてはじめて、公論政治の実行がおこなわれることになったのである。

それ以来、大隈は、薩長人にきらわれて、政府から去った。そうして、改進党は生まれるにいたったのである。

2　伊藤博文の欧州派遣

一八八二年（明治十五年）憲法制定の準備のために、伊藤博文が、ヨーロッパに派遣されることになった。その際に、天皇は、つぎのような伊藤派遣の勅語を出された。

「朕《ちん》、明治十四年十月十二日の詔を履《ふ》み、立憲の政体を大成するの規模は、固より一定する所ありと雖も、其の経営措画《そかく》に至ては、各国の政治を斟酌して、以て採択に備へるの要用なるが為めに、今爾《なんじ》をして、欧州立憲各国に至り、其の政府又は碩学《せきがく》の士と相接して、其の組織及び実際の情形に至るまで観察して、余蘊《ようん》なからしめんとす。」

この勅語は、何を意味するのか。それは、当時の民間人は、イギリス流、フランス式の立憲制度を、日本にみちびくことを望んだのであった。大隈のごときは、その案をつくって、それを同志にしめしていたのである。その執筆者は、主として矢野文雄《やのふみお》であるといわれている。大隈らは、イギリス流の立憲制を日本におこない、人民の声をもって、薩長政府をくつがえそうと企てていたのである。彼は、天皇権力主義に反対していたのである。

これにたいして、伊藤、岩倉らの政府人は、天皇権力主義によって、薩長政府の永続をはかっていたのである。伊藤らは、人民に権力の移ることは、維新の効果をほろぼすものであると、となえていた。そうして、そのためには、ドイツ、オーストリアなどの東欧風の憲法を、日本におこなうことを、あらかじめ決意していたのである。天皇をして、「その規模は固より一定する所ありと雖も」と、公然、宣言せしめたのは、そのためである。すなわち勅語をかりて、民間人の要求をしりぞけたのである。伊藤らは、人民の敵であった。

伊藤は、主としてドイツのグナイストと、オーストリアのシュタインについて、憲法の教えを受けた。日本にも幾人かのドイツ人をまねいて、ドイツ風の憲法行政法を、日本に布《し》くことを準備していたのである。

日本をドイツ風の立憲国となし、万機公論に決すべしという、天皇が神明にささげた誓いを、反古《ほご》にしようと企てたのである。天皇もまた、神にたいする誓文を、みずから破られたのである。重大事であった。

当時、伊藤は、岩倉具視《いわくらともみ》にあてて、つぎのような手紙を送っている。原文は候文であるが、今

のことばに訳する。（註五）

「博文、欧州にまいりましてから、取りしらべたことどもは、一片の紙切れには書きつくせませんから、申しあげません。ドイツでは、有名なグナイストとシュタインの両先生について、国家組織の大体を了解することができました。皇室の基礎をかたく定め、大権をおとさない大眼目は十分に立ちましたから、追ってお知らせ申しあげましょう。

英米仏の自由過激論者が書いたものだけを、まるで金科玉条のように誤り信じて、ほとんどその方向に国家をむけようとする勢いは、今日の日本の現状でありますが、これを取りもどす道理と手段とが分かりました。報国の赤心をつらぬく時機に、その効果をあらわす大切な道具になると存じますので、心中ひそかに、死にどころをえた心地がいたします。将来の楽しみにしているしだいでございます。

二人の先生の説くところは、国の組織の大体について、結局、君主立憲体と、共和体の二種に大別し（このなかには、いろいろな分派がありますが、それは小さな差別にすぎません。たとえば君主があって共和体の国があり、君主のない共和体の国があり、君主専制の国があり、君主立憲であって議会を有する国があるなど）、君主立憲政体であれば、君主の位とその権力とは、立法の上位におらなければならないという意味です。それですから、憲法をつくり、立法と行政との両権をならべて立て（立法議政府、行政宰相府）、それはちょうど人間が、意思と行為との二つあるのを必要とするのと変わらないというのです。ただし国と人体とちがうところは、意思と行為との二つともに、その組織が、おのおのその運用を異にする。この二つの組織の運用がならびおこなわれ、たがいに変わらないという理であります。君主はこの二つの組織の上にあって、いわゆる国の元首である。それであるから、法をもって君主を束縛してはならない。また刑を君主にくわえてはならない。おかすべからざる地位に立って、国を統轄する。それが君主の位であり、職であるのです。君主の許可がなければ、命令というものはない。この許可権は、君位と君権とだけに専属するのです。

法律は、両院すなわち議会の議決によってつくられるもので、命令は政府が発布するものである。そうして法律と命令とは、その効力を同じくする。ただし、この二つは、たがいに衝突することはできないのです。またそれは、予防する方法があります。すなわち、すべて法律の草案は、政府すなわち内閣行政府が起草するのであるから、たとえ立法議会において、政府の意に反する法律を議定しても、政府が承諾しなければ、君主はそれを許可発布しない。君主の許可発布がなければ、それは法律ではなくして、草案たるにとどまるのです。大体は右のとおりであります。これを細かく論ずることは、とても一朝にして尽しえません。それゆえに、上に述べた二種の区別は、たとえ君主制の国といっても、君権が完全でなければ、その政体は共和である。国を統治する権力は、国会にかたよって、総理は、国会の勢力の動きによって、進退しなければならないことになる。それが共和制であります。ヨーロッパの現在の形勢では、しだいに、君権はけずられ、政府は国の臣僕のような姿におちいり、統治の実験を握るところがないようになる。それでは、とうてい、国権をひろめ、庶民の幸福をたもつことはできない。それゆえに、立憲君主制として、君権を完全にし、立法、行政両立の組織をかたく定めようと期すること、それが、真正の政体であり、また真理であるというのです。

この理によってみれば、日本の皇室のごときは、二千五百有余年、国の形が固まらないまえから、すでに君主がその地位を占めています。それであるから、国憲を定め、国会をおこすときになって、はじめて君主の地位が認められるべきものではないのです。ヨーロッパの政治学者は、君主は国権の上におかれると説いています。ましてや、わが皇室としては、そうあるべきは当然であります。なお細かく申しあげたいことがありますが、紙面に余白がないので、後便にゆずります。時節がら、邦家のため御自重ください。この書面は、多忙のあいだに認めたものですから、前後矛盾も少なくないのですが、悪しからず御推読ねがいます。

明治十五年八月十一日

オーストリア、ウィーンにて　博文

岩倉公閣下」

この手紙は、法律学の知識が十分でないために、はっきりしないところが多い。それでも伊藤本人は、憲法の学者となりすましていたのであろう。伊藤はさらに、松方正義《まつかたまさよし》に、つぎの一書を送っている。この原文も候文であるから、今のことばに訳する。（註六）

「おいおい、内閣諸公からの知らせや新聞などにて、政党団結、演説、集会の模様を承知しました。かの改進先生（大隈重信氏のこと）の挙動は、実に憐れむべきものであります。人も身も、置くところを転ずれば、それほど、思想までも変えうるものか。結局、かれこれと名称を設けて、理屈らしいことをとなえ、世の俗物どもをうまくまるめこんで、多勢の力を借りようとするものにすぎない。しかし、それは、そもそも国家を経営しようとするものに、一定の見識がなく、まるで青年学生が、洋書をかじり読みしてひねり出した書物の上の理屈を万古不易の定論であるとして、それを実地におこなおうとするがごとき浅薄皮相の考えをもって、自国の国体歴史は度外視し、無人の天地に、新政府を立てようとするのとおなじく、浅はかな考えである。ましてや、今日の浅薄な人情をよく承知しながら、政党だの、団結だのと、走りまわり、騒ぎたてることは、結局は、風をとらえるのとおなじことである。世間知らずの青年どもが、生活の方法に苦しんで、だれか頼れる人があれば、それにたよって、自分のその場の窮乏も救い、そのうちには何か思いがけない幸運もあろうかというぐらいのところである。だから、彼らが気にいるような説をたてついてくる追従者にすぎないとも知らずに、大隈は、彼ら青年どもを無二の親友と思いこみ、いつか志をえて、内閣を組織するときには、役にたつ部下になるかもしれんと、ばかばかしい夢をたのしんでいるにすぎないのであろう。ところが、どうして、彼らは、何も縛られるほどの義理もなければ恩もないと、都合しだいで、集まったり離れたり、つまりは、『相手かわれど主かわらず』の俗語どおりになってしまって、その間に、人にだまされ、人に裏切られ、数年たって、はじめて、自分の考え方が過っていたことを悟るであろう。これ僕が、憐れむべしというゆえんである。さて、貴君は、どう考えられるか。

明治二十三年にいたり、たとえ憲法を定め、国会をおこしても、けっして、彼らが希望するような、国会の勢力をもって、内閣宰相の進退、更迭をなすがごとき、彼らのいわゆる議会政府は日本には適当しないことは論をまたない。のみならず、そのようなことは、純然たる君権完全の政治ではないのである。それは英国において、一種の古今無比の政体を、英国の数百年の沿革によってつくり出したという一例を見るにすぎない。英国人は、自国に適するものをもって、最上の政体であると誇っているけれども、それは彼らの祖先が、予期したところではないのであって、七八百年間の長い変遷の力により、自然に今日の体をなしたといっても、まちがいはない。彼らは、昔の賢人シセロのことばを引き、王室、貴族、人民の三つの原素を合体して創立した政体をもって最上となす云々、と誇っている。彼らは、あたかもそれと符合しているかのように見えるのを、得意としている。けれども、歴史をしらべてみると、王室も貴族も人民も、ことごとく、わが国にあるものとは、おなじではない。また、この三原素のおたがいの関係も、わが日本の事実、形跡と照しあわせれば、一つとして同様のものはない。なかでも、貴族の一部にいたっては、天地の差がある。この一原素が異なるところからしても、英国の政体とくらべて論じてみれば、三足をもって立つかなえの一足を欠いている。もしも、その一足を欠いても、残りの二足でもって立つことができると言うならば、三尺の童子でさえ、そのばからしさを笑うであろう。

西暦一八〇〇年代の末に、フランスの王家に専横の振るまいがあったことと、フランス人民が乱をこのむの性質のあることから、またルッソーのような、誤った説を立てる学者が、悪を世間に流したことから、その結果として、自由民権の説が、世の風潮となって、ついに革命が生じた。そのあげくのはては、とうとう英雄が人民を手なずけて、自分の功名栄達の志をとげる好機会をつくり出した。すなわち、ナポレオンが、はじめは民権をとなえたが、志を得るにおよんで、皇帝の位につき、軍隊の威力をもって、四方の国々を征服し、その勢いによって、一時は、フランスの民心を維持することができた。けれども、英雄のつねとして、勝に乗じて、あくなき欲望をたくましうした。そのために、欧州諸国の連合の力をもって、ナポレオンを倒した。それが今日の各国の王家である。こうして、各国の王家の連合の力が、よく勝をおさめたことによって、一時は、世のなかは鎮まったけれども、民権、自由、共和論の余毒は、今なお人心に感染して、時によって起伏が生じ、一八四〇年には、ふたたびフランス共和論を生み、ナポレオン三世は、その機につけこんで、大統領の職についた。一八四八年には、それがヨーロッパ全般の風潮となって、ドイツでも、オーストリアでも、内乱がおこり、ついに憲法が公布されて、国会がひらかれることになった。これが、その間の大体の歴史である。

しかるに、近年にいたって、いろいろと変遷し、あるいは社会党のごときものが現われ、あるいは虚無党のごときものが出てきた。また、国会のひらかれている国では、早かれおそかれ、君主の統治の権をけずったり、無知無学の議員の多数に、国政の得失をまかせることが主張されるようになった。やむなくそれを放任していた国では、もはや今日、いかんともすることができず、内閣宰相は、いつ、議院のために、その進退を決められるか、自分で予測がつかないのであって、自然に、政治力を弱くするようになった。こういう理由から、識見ある学者、政治家はいずれもみな、この弊害を救おうとして努力している。

小生は、八月上旬から、ウィーンに遊び、かの有名なシュタインについて、その説を聞き、得るところが少なくなかろうと、ひそかに楽しみにしていたところ、にわかに、ドイツ皇后から、至急帰れ、との電報がきて、ベルリンに帰り、二十八日に皇帝の別荘において陪食した。ところが、そのときに、皇帝は、勅していわれるのに、汝は国憲などの取りしらべをなすために来たと聞いている。しかるに、朕は、日本天子のために、国会のひらかれるのを慶賀しない、との意外なおことばがあった。食事をおわって、別室にいたり、じつに懇切に、今日の欧州の流行をそのまま取りいれてはならぬと教えられた。そして、どうしても、日本の形勢上、やむをえずに、国会をひらくことになったならば、よく注意して、国法を定め、たとえどのようなことがあろうとも、国費を徴収するには、国会の許しをえなければ、その徴収ができないというような、まずい策をとってはならない。もしも、その権利を国会にゆずれば、内乱のもとになるとかんがえなければならぬ、と、仰せられた。

ドイツ皇帝のこのおことばは、いうまでもなく、他国人にむかって、容易に発せらるべきことではない。また、けっして世に公けにすべきことではないから、僕が心中におさめておくだけである。この事を、ここに記すのも、どうかと思われるが、右に述べたような、意外なことをお知らせしたいために、ここにその一例をあげただけのことである。

これは欧州の識者の論であって、とくにドイツ流義の主旨は、だいたい右の論点にかたむいているようである。ドイツの大学者、とくに憲法学について有名なグナイストの論は、このドイツ皇帝のおことばと、大体おなじである。グナイストの論は、憲法に会計のことをかかげるのは、予算書を、国会集会の席に読むことができる、また、国会はこれを論議することができるというに止むべきだ、というにある。けっして、国会の承諾をうるのでなければ、政府は歳入を徴収することができないとか、国費を供給することができないとか、いうのであってはならない、というのである。国会に、会計の全権を全部まかせるような失策におちいったならば、政府は手をつかねて、彼らの指揮にしたがわざるをえないことになる。これは国政を萎縮させ、国政の不振のもとをひらく。彼らはそれでも満足せずに、ついには、君主を廃し、共和政治をつくり出そうということになる。それは各国共通であると、グナイストは説くのである。

オーストリアの博士、シュタインの説は、過日、だいたいのことを書きしるして、山田（顕義）へも差し送りましたから、御覧くださったことと存じます。

あまりに長文にわたりましたから、このたびは、これで筆をおきます。はばかりながら、九鬼《くき》（隆一）へは別に書面を出しませんから、よろしく御伝言ねがいます。僕は一両日中には、ふたたびオーストリアへまいり、十月中旬ごろまで滞在のつもり。それからまたベルリンへ廻る予定です。その他のことは、後便にゆずります。頓首

明治十五年九月六日

フランス国、パリーにて　博文

松方賢台」

この手紙によれば、伊藤は、英仏人のとなえる自由、人権、平等などは、憎悪すべき思想であると思いこんでいたことがわかる。そうして、ドイツ風の君権万能主義を崇敬し、それに模倣することを、決意していたことが、よくわかる。人民の福祉や人権などは、まったく、彼の眼中にはなかった。ただ天皇をかついで、天皇に絶大の権力をもたせ、それによって、自己の利益を確保しようと企てた策士であったことも、明らかである。日本における多くの民権主張者らをさして、あたかも浮浪の徒のごとくにののしり、また多年の友人であった大隈にたいして、つとめて、侮辱の言をつらね、「その未来を憐れむ。」などというにいたっては、真に軽薄の小人であったことを示している。

それは、この伊藤のみではない。およそ、当時の明治政府の人びとは、この種の策士のみであったのである。これらの悪策士がいたために、天皇が神明に誓われた、五箇条の誓文は、一片の反古《ほご》となった。そうして、天皇をして、神明への背信者とならしめたのである。

伊藤は、忠の人ではなかった。人権の主張者でもなかった。伊藤の、この策略がおこなわれたために、日本は、ドイツ風の権力主義国となった。こうして一種の官僚政治の基礎はきずかれ、軍人は、ドイツ式の傲慢な士官となり、それがついに、「降伏日本」を生ぜしめる原因になったのである。これは、あくまでも冷静な客観的な理論であって、感情論などではない。

3　グナイストの教えた憲法

グナイストは、伊藤らにたいして、二十回にわたり、六ヵ月をついやして、日本の憲法の草案として役だつように、憲法を講義した。そうして第一回のときには、「モッセは、学問上から巨細申しあぐべく、自分は、実際上から大体のこと申すべし。」と述べている。

その講義の第一回には、「外交、兵制、経済のことは、決して議院のくちばしを入れさしてはならない。」と言っている。圧制主義のはなはだしいものである。

第二回には、「本日は、一般議院において、危害および困難の生ずる実況を述べましょう。」と言っている。

第三回には、「欽定《きんてい》憲法の方式をもって、人民に命令せらるべし。」と、説いている。人民の力によって憲法をつくることを阻止している。

第四回には、地方の行政を確実にすべしと説いている。

第五回には、県制のことを説いている。

第六回には、大臣の権力を強くすべしと説いている。民権主張への強圧である。官僚政治をおこなうべしとの助言である。

第七回には、参議院のことを説いている。上下両院のほかに、一院を置くべしというのである。

第八回には、上院のことを説き、

第九回には、下院のことを説き、

第十回には、憲法を模倣することは容易であるけれども、その実行は困難なものであることを説いている。

第十一回には、憲法の改正について説いている。

第十二回には、選挙法のことを説き、

第十三回には、はじめから一定の方針を立て、これを動かすべからざるものとなすことを説いている。「不磨《ふま》の大典」と称し、天皇のほかには、憲法の改正をおこない得ないことを、旧憲法が定めたのは、そのためである。

第十四回には、プロシア国王室のことを説いている。日本は、それにまねたのである。

第十五回には、国王と民との関係を説いている。そうして、「多数の貧民をして、王家の保護を受くることの厚きを感覚せしめざるべからず。」と説き、「地租の軽減は、貧民を利益し、王室の権力を強からしめる。」と説いている。維新後に、日本の新政府は、この問題によって、大いに苦しんだのであった。

第十六回には、行政権のことを説いている。

第十七回には、大臣責任の問題を説いている。

第十八回には、政党のことを説いている。

第十九回には、日本の憲法制定には、プロシァ憲法を模範とすべしと説いている。そうして、プロシァ憲法を逐条的に検討し、存在すべきものは指定し、不用のものは、その不用を指摘している。

本書においては、くわしく述べることは、これをさける。その詳細は、拙著『日本憲法とグナイスト談話』にゆずる。（昭和十四年四月、「議会政治社」発行）

昭和時代の日本においては、日本憲法は、国のはじめから、不文に存在していたものを、ただたんに成文にしたにすぎないと説明する人が多くあって、ある人は、それをもって、人民をあざむき、ある人は、自己をあざむいていたのであった。こうしたことは、憲法発布の際の「告文《つげぶみ》」の中に、「この憲法は、太古から存在したものである」と思わせるような文句があったところから、出てきたのである。（「皇宗の後裔に貽《のこ》し給へる統治の洪範《こうはん》を紹述《しょうじゅつ》するに外ならず」という一句がある。）

私は、かかる偽りを一掃すべき必要から、右の書を刊行したのであった。多年にわたって、政府や伊藤の側近者は、それを秘していた。金子堅太郎《かねこけんたろう》も、グナイストのことは、いっさい秘していた。シュタインの講義は、公表され、多くの人が知っていた。グナイストの談話の名だけは、知っている人がいたけれども、その実質を掴んでいる人は、なかなかいなかった。

このグナイストの教えるところによって、日本の天皇の権力万能的な地位は、確定した。それは、天皇の即位の詔に出ている。

4　権力の神となった天皇

明治憲法は、第一章を天皇のための一章として、天皇の権力を、きわめて大幅に定めている。そうして、その第一条をもって、「大日本帝国は、万世一系の天皇之を統治す」と定め、天皇は、絶対的に、日本国の統治権者であることを、おごそかに示している。さらに、この天皇の権力は、万世に続きゆくものと明言してある。それであるから、天皇は、立法権、行政権および司法権の行使者であることを、すでに第一条をもって明らかにしてあるのである。

ただし、その統治権を行使するについては、天皇の意思のみをもって、これをおこなうことは許されないのであって、「憲法の条規によって行う」という条件がつけられている。（旧憲法第四条）すなわち、旧式の専制君主国でないことは明らかにされている。

それにしても、天皇の大権といわれる権力は、相当に多く定められてあって、その大権は、天皇の自由の意思によっておこなわれるものである。たとえば、軍の統帥権がすなわちそれである。天皇は、「陸海軍を統帥す」と、絶対に規定してある。国務大臣の輔弼も、それには絶対におこなわれ得ないのであった。天皇は、参謀総長と軍令部総長とを部下として、その輔弼によって、軍を統帥するのであった。「統帥権の独立」というのが、すなわち、それであった。この条規は、このように解することが、憲法制定の史実上から、また文理上から、正しいのであって、私は、憲法の専門家としてそのように解釈していたものである。

その点において、美濃部達吉氏の解釈は異なっていた。そうして、大元帥と軍統帥部の長官との決定したことは、いまだ国務ではないと論じ、天皇の行為としては、国務大臣の輔弼を要するものと説いていた。それにたいして、軍部では、強い反対をしめしていたものである。

この軍統帥の独立ということは、政治的には内閣を圧迫し、政情安定を乱すような事態を引きおこした。そうして、ついには、卑怯な政治家たちは、軍人の威力に屈従して、軍人の専制政治をも生ぜしめるような危険の状況に陥った。こうして拙劣な政治によって、日本民族のうえに大きな禍害をこうむらしめるごとき結果になったのである。これはじつに、その運用をあやまった結果である。

このほかにも、天皇は、外交権を有していた。外交にかんして、人民はそれに干与する権利がなかった。そうして、「秘密外交」は、天皇の権利としておこなわれたのであった。人民としては、それはきわめて不安のものであったが、しかしながら、官僚は、それを便利とし、よろこび、かつ誇っていた。財政にかんしても、天皇の政府は、議会が予算を否決した場合には、前年度の予算を、政府の権利としておこなうことができた。（旧憲法第七十一条）

このようなことは、グナイストの教えたとおりであった。日本人の知能から出たことではない。また、旧憲法によれば、立法、行政、司法は、天皇がおこなうものであった。それであるから、真の三権分立ではなかった。ただ三つの機関によって、取りあつかわれていたというにすぎなかった。

すべて官吏は、天皇の官吏であった。人民のための公僕ではなかった。官吏は、人民の儀表、すなわちお手本であると、公然、政府人はとなえていた。警察署などには、このことが大きく書いて、室内にかかげてあった。大臣とは、天皇の大官であった。

人民には、基本人権は認められていなかった。第二章に、「臣民の権利義務」という表題が出ていた。しかしながら、どの権利も、「法律の範囲内に於てのみ生ずる」のであった。すなわち、生まれながらの基本人権ということは、まったく認められていなかった。日本人は、天皇の臣であり、民であった。人間として尊敬されていなかった。

いかに民主的に解釈してみたところで、天皇権力本位の旧憲法であったがために、われらはまことに、奴隷的の人間であるとの感なきをえなかった。

フランスの「人権宣言」のなかには、「権利の保障の確固ならず、かつ権力の分立の確定せられざる社会は、すべて憲法を有するものにあらず。」と明らかにされてあるが、日本の明治憲法は、フランスの人権宣言からみれば、憲法でなかったのである。明治天皇が、一八八一年（明治十四年）に詔勅をもって、一八九〇年（明治二十三年）に、憲法を発布すると宣言されたことは、どんな憲法を発布するつもりであったのか。なんぴとも、その後、それについて質疑を提出しなかった。けれども、私はそれについて、質疑を社会に提出していた。さきにも、ふれたように、当時、大隈重信らの民間の人びとが、イギリス流・フランス式の憲法を望んだのにたいして、伊藤はそれを蹴って、天皇権力本位のプロシァ風の憲法を起案したのであった。人民はあざむかれたのである。私は、そう論ぜざるをえない。

伊藤は、まえにかかげた手紙のなかでも、「イギリスの憲法は、イギリスの数百年来の伝統で、できている。イギリスは日本とはちがうのである。それであるから、イギリス流の憲法は、日本にはおこなえない。」と力説している。はなはだ、おかしな話である。当時、伊藤のとなえたところは、つぎのようであった。

「英国主義（王は王位あるも統治せず）、この主義を履行せんとすれば、王政復古は非なり。わが皇室ほとんど七百余年間、その統治の大権を、あげて覇府《はふ》に掠奪せられたり。しかれども、皇位皇統は連綿たり。王政復古は、いわゆる統治の大権の復古なり。われらは信ず、統治の大権、覇者にあるものを復し、ただちにこれを衆民に附与して、皇室は、依然その統治の大権を失うこと、覇府存在の時のごとくせんというがごときは、日本臣民の心をえたるものにあらず、いわんや、わが国体に符合するものにあらざるをや。」

これは、金子堅太郎述『帝国憲法制定の精神』に書いてある文句である。この本は、文部省の蔵版である。このようにして伊藤は、五箇条の誓文を抹殺した。すなわち、天皇が一八六八年（明治元年）三月に、神にちかった重大事を抹消してしまったのである。明治天皇もまた、自分の出した誓文の抹消に同意されたのであって、天皇として、ひじょうな過失であった。

伊藤がグナイストから受けた講義の要点は、さきに述べたが、その第一回の講義について、少しくわしく、つぎに抜き書きしてみる。

「日本には、国会開設の催しのある由であるが、外交、兵制、経済の三事は、けっして議院の喙《くちばし》をいれさせてはならない。かりに、英国のことを引いていえば、一八〇〇年代に、外務卿アルムストという人があった。彼は、外交のことは、君主の特権ではない、それは議院の権限であるといったので、外務卿アルムストは国王からその職を退けられた。ただ兵制のほうは、この二十年前から、特に君主の権限になった。それまでは、将校の採用については、貴族から命令することもあったが、それ以後は、君主のみが命令することに定められた。しかしまだ英国では、君主の権限はよほど強いけれども、南ドイツの各国では、ほとんど君主は、議院の奴隷となってしまった。

英国では、帝室財産はもちろん、租税にせよ、国費にせよ、これまで、慣例できまっていたことは、けっして議院にはかけず、ただ報告するだけである。議員を選ぶには、もっとも注意しなければならず、ただたんに、弁説者、弁護士、演説家のごときものが議員となったときは、国事をあやまるものである。ゆえに、たとえば選挙権をもつべきものは、上級の財産家は一人で三人を選ぶ権利があり、中級の財産家は二人、下級は一人となすというふうである。

また被選挙権のあるものは、名誉官をつとむべき義務がある。すなわち裁判への陪席、その他もある。財産もあり、実歴もあり、その土地の事情をよく心得ている人が、はじめて議員となることができる。議員は、公平な議論を、議場で述べるのが本当であるけれども、とかく党派論に流れやすいもので、わが党の政府にあらざれば、原案を否決し、君主も奴隷となることも、よくあることである。これでは、政府は、いつも党派のために動かされて、それは内閣の更迭を早める結果になり、行政の目的を達することはできない。党派論の書物は、ただいま著述中であるから、できあがったならば、貴君にお目にかけることにする。」云々。

このように、グナイストは、はなはだしく専制の主義を、伊藤に吹きこんだものである。それは、はじめから伊藤を、愚弄してかかったものとも見られるし、あるいは、伊藤のあらかじめの要求に合わせて、日本人に気にいるように講述したものかとも、思われる。

こういう講義にもとづいて、日本の憲法は定められた。そうして、天皇は「神聖にして侵すべからざる」日本国の統治者と定まり、これまでの歴史には見られなかった、天皇の権力万能が、わが日本に、公々然としておこなわれることになったのである。

もともと、基本人権の保障が、憲法の眼目でなくてはならないものである。しかるに、明治憲法においては、基本人権はまったく認められず、ただ法律の範囲内において、いくらかの種類の人民の権利が、認められたにすぎなかった。そのうえ、法律と同一の効力を有する天皇の命令を、天皇は緊急命令として発する権利をもっていたのである。そのために、明治時代の日本の立憲は、立憲の本旨に反し、はなはだしく奇怪なものであった。天皇はそれを「不磨《ふま》の大典」と称して、変更をゆるさず、自分だけに変更の権利があるとして、人民をおさえつけた。こうして、天皇とその官吏だけを、強度に利益せしめていたのである。

それのみではない。明治憲法は、天皇を「神聖にして侵すべからず」と定めた。この「神聖」とは、「神」ということではないのであったが、人民は、「神である」と信じるように、政府や教育家によって誘導された。それが「神勅」とむすびつけられて、「迷信国日本」と化し、ついには、禍を日本民族と、東洋および西洋の人類とに、こうむらしめることになったのである。

伊藤博文は、「プロシァと日本とは、おなじような国である。」というのであったか。プロシァ風の憲法ならば、日本におこないうるという伊藤の判断には、いかなる論拠があったのか。伊藤は、ヨーロッパを、当時はじめて見た人である。むかしイギリスに渡ったことはあるけれども、プロシァや東欧は、はじめてにちがいない。右に述べた彼の言論は、まったく聴くにたるものがないのである。フランスを論じるにしても、まったく、聞きかじりであることを示している。ドイツのカイゼルが伊藤に言ったということばのごときは、あまりにも無責任である。カイゼルは日本人を理解せず、日本人をバカにしていたもののように、私にはとれる。

日本人が、プロシァの憲法になぞらえて、天皇の権力のみを絶対のものとなし、ドイツ風の国家主義を日本に輸入したことは、日本の国民性をドイツ化し、日本を「傲慢な軍国」となし、それが、日本民族にわざわいしたのであった。天皇もまた、そのために禍をこうむられたのである。

プロシァ風の憲法にくらべて、このたびの米人の起草になる日本憲法は、憲法として、はるかに合理的にできている。不備のところも多くある。それは人民の意思をもって、適当に修正すればよいのである。人民には主権がある。

ともあれ、明治以後の天皇は、右に述べたような事情の下に、憲法上、日本の歴史にその比を見ない絶対的な権力をもつことになった。過去の天皇は、けっして、そのように権力の権化でも、また権力の神でもなかった。日本の歴史には、いまだかつて、このような事実は見られない。聖徳太子の憲法には、天皇の地位のことなどは定めてはないのである。「君は天、臣は地」との一文はあったが、それは、上下の地位を言っただけのことであった。天皇には、古代から絶大の権力のなかったことは、日本の歴史を正しく見れば明らかである。

そこで、日本の歴史において、主権がつねに天皇のものであったかどうかを、通観する必要がある。私は、つぎの章に、それについて述べることにする。

三　歴史のなかの天皇

1　神武から仏教渡来までの天皇

神武は、六年間の長いあいだ、本土の中央を侵略する戦争をおこなった。神武の敵将、長髄彦《ながすねひこ》は、その名がしめしているように、巨人であり、英雄的な人物であったように思われる。その巨人は、妹の婿である饒速日《にぎはやひ》のために、不幸にして暗殺された。そうして饒速日は、神武の軍に降伏した。長髄彦の側から当時の出来事を見ると、六年間の長い戦争ののちにも、全軍が降参したという事実はない。その親玉が内部の人に暗殺されるという意外な事件から、敵に降伏したという奇怪事であったにすぎない。彼らには甚大な遺憾事であったろうと、公正な史家としては推察せざるをえない。

神武は、長髄彦の妹と饒速日《にぎはやひ》とのあいだに生まれた子の宇麻士真手《うましまで》を、日本はじめての国政《こくせい》太夫《たいふ》にした。そうして、たくみに長髄彦の子孫を優遇し、人心をおさめたのであった。その一族が、すなわち物部《もののべ》族であって、「国造《くにのみやっこ》」として、大きな領土をもっていた。国造とは、地方にいた領主のことであった。そのほかに、やはり地方に、「国司《くにのつかさ》」というものが古代にはあったが、その起源は明らかでない。

神武の時代から、日本は封建制であったことは、昔の学者も論じている。聖徳太子の十七条の憲法にも「国司」「国造」の存在は、明らかにされてある。武家時代になって、日本は、はじめて封建制の国となったように、論じている日本の歴史家が多くいるのは、あまりにも迂闊である。

神武は、日本全国を征服したのではなかった。中央地区のみ、すなわち長髄彦のもっていた地域の頭《かしら》となったものとみるのが、正しいであろう。その地区内は、一時はおさまった。神武が死んで、しばらく天皇はいなかった。空位は三年間におよんだ。天皇の位はなくても、日本国は存在していたことを物語っている。その空位のあいだに、神武の子どもたちは相続争いのことで、反目しあった。そうしてついに、皇太子は、その兄手研耳命《たぎしみみのみこと》が、謀反をはかっているという理由から、兄を裁判にもかけず、夜中、その寝所を襲って、みずから射殺した。いかに当時の人倫が乱れていたかを、後世の人に示している。

神武は、どうして、長男を皇太子としないで、三番目の子を立てて、皇太子としたのか、理由は明らかでない。その長男は、ながく政治をおこなっていたのである。長男が、バカでもなく、気ちがいでもなかったことは明らかである。長男としては不満であったであろう。神武は、長子相続の法を排して、次子を立てた。それは、政治上に混乱をまきおこす不賢明な方法であった。

徳川時代初期の学者林羅山《はやしらざん》は、このことを論じて、言っている。「神武が綏靖《すいぜい》を立てたのは、母の愛ゆえであったろうか。神武の長男が、もしも不肖の子であったとしたらば、なにゆえに、早くその処置をなさなかったのか。長男は、神武が、この世を終るまでは、国事をおこなっていた。神武が死ぬとすぐに、その弟が天皇の位についた。長男は不平であった。しかしながら、長男が謀反をはかったことは、不当である。」云々。

羅山は忌憚なく、神武と綏靖とを論じている。そうして、羅山は結語として「綏靖は太子である、謀反をはかった人を殺したのは、罪がないと言えないこともない。しかしながら、兄弟が殺しあうのは、いかにも悲しいことである。」と言っている。この評は、適当している。なお、ここでついでに言うと、昔の学者は、神武天皇とか綏靖天皇とかいわず、天皇という文字を省いて、神武とか、綏靖とかいうのが通則であった。明治とか大正とかいう式である。天皇にたいして、それほど、気軽であった。

日本は、この遠い昔から、兄弟が殺しあったり、相続争いをやっていたのである。明治の教育勅語が誇称している「億兆心を一にして」も、また「克く忠に、克く孝に」も、じつに嘘ことばであったことを、歴史が明らかにしている。「徳を樹つること深厚」も、また虚言である。

人あるいは、神武の歴史には証拠がないから、まったく信じられぬというかもしれぬ。しかしながら、もしもそれが全然うその歴史であるとしたならば、後世になって、すなわち西暦七一二年に、日本天皇史である『古事記』を書くにあたって、ことさらに、神武が人物として不明であったことや、その二人の子どもが、相続争いに、人倫を無視して殺しあったというような醜態を、その第一ページに書きたてる、そんな軽卒なことをするはずがないであろう。のちに神武と名づけられ、初代の天皇とされた領主のいたことは、事実であったと見るほうが至当であろう。

これにたいして、教育勅語こそは、日本の歴史をまったく無視し、虚偽を人民に宣伝し、人民をあざむき、人民に服従を強要し、人民をまるで奴隷のようにさせたものと見ることは、理論上、至当であろう。もしも、教育勅語をぜったいに礼賛するならば、神武および綏靖のことは、抹殺する必要がある。

第十代の天皇崇神《すじん》の時代には、盗賊がおこり、反乱が生じた。武埴安彦《たけはにやすひこ》と妻の吾田《あだ》が反逆した。そこで四道将軍をおいた。そうして、教化にしたがわない人民を征服させた。出雲《いずも》の振根《ふるね》が反乱をおこした。けっして、徳をもって人民を治めたとはいえないのである。

第十一代の天皇垂仁《すいにん》の時代には、皇后の兄にあたる狭穂彦《さほひこ》が反乱をおこしている。この狭穂彦は、妹の皇后を説いて、反逆をおこさせようと企てた。皇后は、これをこっそり天皇につげた。天皇は部下を出して、狭穂彦《さほひこ》を討たせた。狭穂彦は、天皇の軍隊と大いに戦った。ところが、皇后は、天皇を裏切って、兄の狭穂彦のほうにつき、彼の屋敷にはいって、狭穂彦とともに焼け死んだ。このことは、昔の歴史の本に明らかにされてある。この事実は、忠もなく、徳義もなく、道義のまったく乱れていたことを物語っている。

第十二代の天皇景行《けいこう》の時代には、周芳《すわ》、豊前《ぶぜん》に反抗事件がおこった。熊襲《くまそ》も反抗した。天皇は自分から乗りだして、これらの反抗分子と戦った。そのため、六年間、天皇は日向《ひゅうが》にとどまった。その後、熊襲がまた反抗した。天皇の子の日本武《やまとたける》が、その征伐にむかった。ついで東夷が反乱をおこした。これも日本武が討伐に出むいたが、途中で病気になって死んだ。つぎに、東山道に反抗事件がおこった。つづいて蝦夷《えぞ》が反抗した。人民は天皇に帰服していなかったことを、こうした事実が、はっきり示している。「徳を樹つること深厚」は、事実ではなかったのである。

第十四代の天皇仲哀《ちゅうあい》の時代には、熊襲が反抗した。天皇は、自分が乗りだして、熊襲と戦ったが、勝利はえられなかった。そのために、七年間、天皇は穴門《あなと》国にとどまったが、そのあいだに何をしたか、すこしも分からない。天皇は、戦いにやぶれて、仮の宿所で死んだ。昔から、疑問の一大事件とされている。どこで戦ったのかも明らかでない。古事記には、天皇が神のことばを聞きいれなかったために崩ぜられた、と書いているにとどまっている。

新井白石《あらいはくせき》は、『仲哀帝崩論《ちゅうあいていほうろん》』という論文をのこしている。それによれば、神功皇后《じんぐう》がたくみに、この事件を始末して、人民の疑いをといているように読まれる。漢文であって、理論の明白味は欠けているけれども、それには、「皇后は、その始末を人に託して、天下の人を信用せしめた。ただ一時、天下の人を信用せしめたのみでなく、百年千年の後までも、よく天下の人をして、ことごとくこれを信ぜしめている。異なる哉。」と書いている。

今の人は、そのころのことを疑わぬわけにはいかない。当時、皇后は、臨月の身であった。皇后は、石をその帯の下にはさんで、子の生まれるのを止めていた、といわれている。昔の歴史の本には、「たまたま産《う》み月にあたる。祈っていわれるには、討伐の仕事がおわって還ってきたとき、この地で生まれますように、と。そうして、軍隊を舟にのせて、新羅《しらぎ》にいった。」とある。これまでの人も、この一事は、疑問なしにはすまされなかったことである。今の人としては、すべて虚偽であると、直言せざるをえない。

神功皇后の摂政の時代に、仲哀の子の麛坂《かごさか》、忍熊《おしくま》の二人が反抗した。神功皇后への反抗であった。疑問の皇后に徳望の欠けていたことを示している。

第十五代の天皇応神《おうじん》の時代には、武内宿禰《たけのうちのすくね》を筑紫《つくし》に差しむけたところ、宿禰の弟の甘美内宿禰《うましうちのすくね》は、「兄に異心がある。」と、天皇に告げた。それは、当人をおとしいれるための無実の訴えであるということになり、甘美内宿禰は殺された。つぎに、天皇が死んだときには、大山守皇子《おおやまもりの》が反逆した。そのため皇太子の稚郎子《わかいらつこ》は、首をくくって死んだ。

第十六代の天皇仁徳《にんとく》の時代には、天皇の弟の隼別《はやぶさわけ》皇子と雌鳥《めとり》皇女とは、罪を犯して、死を命じられた。いっぽう、蝦夷が反抗した。将軍田道《たじ》は、それを討ちにいって、破れて死んだ。また飛騨《ひだ》では宿儺《すくな》がそむいて、討ち殺された。天皇が死ぬと、その子の仲《なかつ》皇子が反逆をおこしている。

第十九代の天皇允恭《いんきょう》の時代には、玉田宿禰《たまだのすくね》が反抗して殺された。また天皇が死ぬと、その子の穴穂《あなほ》皇子は、皇太子であった兄弟の木梨軽《きなしのかる》皇子を襲って、自殺せしめた。そうして、自分が天皇の位についた。

第二十代の天皇安康《あんこう》の時代には、天皇は自分の叔父の大草香《おおくさか》皇子を殺して、その妻を、皇后にした。そこで大草香の子の眉輪王《まよわ》は、それをうらんで天皇を殺した。年七歳であったが、天皇が酔って寝ているすきをうかがって、刺し殺したのであった。天皇の弟の大泊瀬《おおはつせ》は、この事件を聞き、現場に駆けつけて、兄たちをうたがって、これを殺した。眉輪王は、大臣葛城円《かつらぎのつぶら》の家にかくまわれていたが、大泊瀬はこれを包囲して火をつけ、眉輪王を焼き殺した。そうして叔父にあたる皇太子の市辺押磐《いちべのおしわ》皇子を殺し、自分が位についた。恐るべき暴行者であった。

第二十一代の天皇雄略《ゆうりゃく》の時代には、吉備田狭《きびのたさ》が反抗した。そのはじめに、天皇は、田狭を任那《みまな》国司として差しむけ、そのあいだに田狭の妻を手にいれて、自分の妻にした。田狭はこれをうらんで、任那を根城にして、反逆したのであった。

これらの天皇は、残酷性の人であって、殺人をこのんだ。これらの天皇の時代には、忠も孝も、人心の和もありようがなかった。

それのみではない。第二十三代の天皇顕宗《けんそう》の時代には、天皇が死ぬと、紀生磐宿禰《きのおいいわのすくね》が、任那を根城にして反抗した。

第二十四代の天皇仁賢《にんけん》の時代には、やはり天皇の死んだあとに、大臣平群真鳥《へぐりのまとり》とその子の鮪《しび》が反抗した。

第二十五代の天皇武烈《ぶれつ》の時代には、この残酷性の天皇は、殺人をこのんだ。惨刑をおこなうときは、天皇みずから刑場に出かけていって、刑の執行を見た。あるいは妊婦の胎《はら》を割《さ》き、あるいは人を木の上にのぼらせて、下からそれを射って、その人間が落ちてくるのを見てたのしんだと伝えられている。また驕りにふけり、人民から金をしぼりとり、人民を苦しめるのであった。人君の価値など、まったくない人であったと、昔の歴史の本には、かならずそう書いてある。頼《らい》山陽《さんよう》の『日本政記』にさえも書いてある。

第二十六代の天皇継体《けいたい》の時代には、筑紫《つくし》の磐井《いわい》が反抗した。

第二十八代の天皇宣化《せんか》の時代には、筑紫の那津口《なのつのほとり》に、役所をおいて、三韓の侵入にそなえた。後年の大宰府《だざいふ》である。これは人心が離反したことを示している。

以上は、神武から欽明《きんめい》までの、一千余年間の、ごく大ざっぱな天皇の歴史である。ただし、六、七百年の虚偽の事実が、そこにあるとすれば、これは五、六百年の歴史である。

その間、日本には、天皇はあった。同時に、国造や国司が地方にあった。すなわち、日本は、封建制の国であった。したがって、天皇は、はじめから単純な君主ではなかった。国を統治する権力が、天皇に絶対的にあったというようなことは、認めることのできない説なのであった。

そうして、日本国の人民は、この間にことごとく、天皇に服従していたのではなかった。すなわち、以上のような歴史の事実にもとづけば、教育勅語のいうところは、まったく偽りであった。軍人に賜わった五箇条の勅諭も、真赤な嘘であった。

憲法発布の勅語だの、憲法にかんする勅語だの、「告文」だの、また昭和時代に世人がとなえた「国体」なども、いずれもみな、日本の歴史から遊離した一種の政略宣伝であった。旧憲法時代には、勅語を批判することは厳禁されていたがために、天皇の一方的な言動のみをもって、人民は、天皇と政府の欲するがままに引きずられ、欺むかれていた。そうした不合理なことを、人民はそのままに信じこんで、それを世界にたいしてさえも、誇っていたのであった。

こうした偽りをそのまま信じこんでいた日本人は、こんどの敗戦によって、いくぶんか醒《さ》めることができた。しかしまだ、目の覚めないものがすくなくないのである。それは、事の善と美と真とを好まない人である。歴史の研究を志さない非文化人である。彼らは、日本民族の今後の進歩のために、無益であって、有害の人びとである。科学への反逆者である。人類の幸福に、わざわいする人びとであると言えるのである。

明治の憲法にかんする勅語（明治二十二年二月十一日）の一節には、「国家統治ノ大権ハ、朕カ之ヲ祖宗ニ承《ウ》ケテ、之ヲ子孫ニ伝フル所ナリ。」と書いてある。しかしながら、右に述べたように、日本歴史の明らかに示すところによれば、神武の時代から、天皇は、国家統治の大権を独占していたという事実はない。はじめから、日本の全地域の統治権を、天皇が握っていたという歴史もない。

また徴兵の詔（明治五年十一月二十八日）には「朕惟《オモンミ》ルニ、古昔《コセキ》、郡県ノ制、全国ノ丁壮ヲ募リ、軍団ヲ設ケ、以テ国家ヲ保護ス、固ヨリ兵農ノ分ナシ。中世以降、兵権武門ニ帰シ、兵農始テ分レ、遂ニ封建ノ治ヲ成ス、戊辰ノ一新ハ、実ニ千有余年来ノ一大変革ナリ、此際ニ当リ、海陸兵制モ亦時ニ従ヒ、宜《ヨロシキ》ヲ制セサルヘカラス、今本邦、古昔ノ制ニ基キ、海外各国ノ式ヲ斟酌シ、全国募兵ノ法ヲ設ケ、国家保護ノ基ヲ立テント欲ス、汝《ナンジ》百官有司、厚ク朕カ意ヲ体シ、普ク之ヲ全国ニ告諭セヨ。」と書いてある。

しかしながら、まえに述べたように、「古昔、郡県ノ制」ということも偽りである。この偽りの勅をもって、全国の日本人は、毎年、徴兵にとられた。そうして全国の人民をして、奴隷的な苦役に泣かしたのであった。徴兵にとられることを、牢獄に投げこまれることと同じように、日本の人民は、忌みきらっていたのが、当時からの事実であった。

また、この徴兵の詔によれば、「日本の武家式封建は、一千余年の昔からあったもの。」と書いてある。それと「兵権部門ニ帰シ」との文句とは、まったく合わない。杜撰《ずさん》きわまる勅といわざるをえない。

しかしながら、明治五年以来、日本人民は、この徴兵の詔に圧せられて、軍隊のなかに、三年の苦役をなめさせられた。それがついには日本の習俗となり、全国の津々浦々に、天皇崇拝の気運をみなぎらせるにいたったのである。すなわち、天皇崇拝は歴史の産物ではない、明治政府によって作りあげられた政策にすぎないのである。人民のなかで、兵となった壮丁は、軍隊において、残酷な下士官らの鞭をもって、日夜、天皇崇拝を教えこまれた。全国にある農民や労働者は、ほとんどすべてが、天皇崇拝者とさせられた。これとならんで、すべての学生や生徒は、学校の先生から事あるごとに、「教育勅語」をもって、天皇崇拝の思想を注ぎこまれたのであった。

この政策は、五十余年の期間をへてきた。今の日本人のほとんどすべては、この政策によって、育てあげられた人びとである。これらの人びとは、ほとんどすべてが、日本歴史を知らずにいる。日本人の誤りは、その歴史を知らぬがために、拭いさられないのであり、人心に固くかたく、へばりついているのである。

今日は「民主日本」と変わっている。日本人は、これまでの迷いから醒めなければならない。それでなければ、民主日本の堅実な人民となりうべくもない。民主の完成がなければ、世界の信頼はえられない。もしも、この理をわきまえないならば、日本民族は没落し、人間としての存在理由を、失うようなことにならざるをえないのである。日本民族の堅実な建設をねがうものは、日本の現在の組織、すなわち民主憲法を守らなければならないのである。

2　蘇我氏の主権時代

日本の文明は、仏教におうところが大きい。仏教が日本にはいって来てからの日本人は、人間というものが分かってきた。ただ天を祭っていた原始的な日本人から、おいおいと脱皮したのである。仏教の渡来は、日本民族にとって、画期的な重大事件であった。

この仏教の渡来については、当時の保守派と進歩派とのあいだに、それまでの日本歴史には見られなかった大争闘がおこった。それは、物部《もののべ》の大族と、蘇我《そが》の大族との抗争であった。

物部氏は、饒速日《にぎはやひ》と長髄彦《ながすねひこ》の子孫である。すなわち神武よりもさきに、日本本土の中央に、君臨していた一代氏族の子孫である。その領土は、古い書物には「河内および摂津において十八万六千八百九十代《シロ》」と書きあらわしてあるが、その代（シロ）というのは、どれほどの広さの土地であるのか、私には分からない。

これにたいして、蘇我氏は、武内宿禰《たけのうちのすくね》の子孫として、一代氏族をつくっていた。武内宿禰は、日本の古代の帝国主義を建設した人物であった。かれは天皇孝元《こうげん》の子孫であり、後には、神功皇后と特別の関係にあった大臣であった。したがって、その一族の勢力の大きかったことは、容易に想像できる。

物部氏は、神武よりも古くから、中央日本の権力者であった。それゆえ、その家の人びとは、むろん保守主義であり、「天を祭ること」を、すなわち「神道」を固持していたことも想像にかたくない。蘇我氏は、侵略者神武の子孫であり、また侵略の雄者であった。したがって、当時の進歩主義者であったにちがいない。

この二大族は、仏教渡来という重大事件に当面して、はげしく衝突した。

天皇欽明《きんめい》の十三年十月十三日、百済《くだら》の国の聖明《しょうみょう》王は、太夫の西部姫《せいぼうき》氏《し》を、日本に派遣して、釈迦仏の銅像と経文《きょうもん》とを、天皇に貢物《みつぎもの》としてさし出した。天皇は、群臣にむかって問われた。「西の国から仏を献じてきた。その容貌は、偉であり、うるわしいものがある。礼拝しなければならないだろうか、どうであろうか。」と。そのときに、時の大臣蘇我稲目《いなめ》は、「もちろんのことであります。」と答えた。

大連《おおむらじ》の物部尾輿《おこし》と中臣連鎌子《なかとみのむらじかまこ》とは、それに反対して言った。「わが国が天下を治めるには、つねに、天の神、地の神、一百八十の神々をもって、春夏秋冬とに、それを祭るのである。それには、きまった方式がある。今日において、それを改めて、外国の神を拝することにしたならば、おそらく、国神は怒るでありましょう。」

天皇欽明は、それにたいして、「それも、もっとものことばである。しかしながら、百済《くだら》国王の貢物は、それを捨てることはできない。だれか、この神を奉ずるものはいないか。」稲目は天皇に礼拝して、仏像を賜わるようにと願った。そこで仏像は、蘇我氏に賜わったのである。（以上は林羅山の「欽明天皇論」の和訳）

蘇我氏のこの行為があって、日本には仏教がおこなわれたのである。漢学者は、それを「千年の遺憾」と言っているけれども、むしろこの評言は、日本文化のためには、あやまったものといえる。

二大族は、たがいに反目した。そうして、蘇我氏は、厩戸皇子《うまやどの》をその仲間とし、物部氏は穴穂部皇子《あなほべの》と手を組んだ。

穴穂部皇子は、善良な人ではなかった。天皇敏達《びたつ》が死んだときには、ひそかに、天皇の位をうばおうと企てた。重臣たちが、殯宮《ひんきゅう》にあつまったときに、穴穂部皇子は怒って言った。「なにゆえに、死んだ天皇を拝みにきて、生きている天皇のところへやってこないのか。」

つぎの天皇用明《ようめい》が位についたときにも、穴穂部皇子はひそかに謀反をはかった。そればかりではなかった。まえの天皇の皇后を、自分のものにしようと、たくらんだ。そうして、むりに殯宮に入りこもうとした。このとき、そこを守っていた三輪《みわ》という人が門をしめて、穴穂部を入れなかった。穴穂部は、それを憤慨して、物部守屋《もりや》をつかって三輪を殺させた。天皇用明が死んだのちに、物部守屋は、穴穂部を天皇にしようとしたが、その目的は達せられなかった。このように、守屋には大きな失態があった。人心が守屋から離れてしまったのも当然であった。

いっぽう、蘇我氏は、厩戸皇子《うまやど》とむすんだ。厩戸は、穴穂部にくらべて、穏健な人であった。蘇我氏の言をよくきいて、蘇我氏のなすがままに従っていた。天皇崇峻《すしゅん》が殺されたときに、厩戸は、冷然として、これを眺めていた。

昔の漢学者は、厩戸をにくんで、「その殺されるのを見ても、平気で眺めていた。その残忍と不仁とは、仏教の精神にそむくこと、はなはだしいものがある。」と、ののしっている。（坂井《さかい》

虎山《こざん》の厩戸論）また、他の漢学者は、「ああこれ、一暗弱の太子のみ。」と論じている。（安積艮斎《あさかごんさい》の厩戸論）

今日では厩戸皇子を、聖徳《しょうとく》太子として、絶賛する人が多いけれども、それは、事実に即した公正な論とは言えないであろう。それは、皇室本位論からくる誤りであった。

蘇我氏は、仏教を日本全国にひろめた。寺を建てること、四十六箇所であった。僧侶は、一千三百八十余人も養成した。四天王寺も、法興寺も建てた。金堂薬師如来《こんどうやくしにょらい》や、丈六《じょうろく》の仏像もつくった。法輪寺、中宮寺も建てた。天寿国曼荼羅《てんじゅこくまんだら》や、金堂釈迦如来《こんどうしゃかにょらい》や、脇侍像《わきじぞう》も、蘇我氏によって作られた。

これらは、当時の権力者であった蘇我氏の事業である。聖徳太子には権力がなかった。だから、彼の権力によってできたものでないことは明らかである。蘇我氏があって、はじめて、日本に仏教文化はかがやいたのである。

これまでの歴史家や、仏教家や一般の日本人は、皇室本位の政策にかたよって、この明らかな事実を、正直に認めようとはせずに、ただたんに、聖徳太子のみの事業のように、礼讃していたのは、不公正であり、卑怯であった。それは、ただたんに、皇室へのへつらいであった。今日からは、かかる不公正の見解を、日本人から一掃すべきである。皇室本位の史論は、人物の判断をあやまらしめる。

蘇我氏は、人をつかって天皇崇峻《すしゅん》を殺させた。それは、蘇我氏から見れば、自衛の行動であった。もとをただせば、天皇崇峻が蘇我馬子《そがのうまこ》を殺そうと企てたからであった。厩戸皇子は、天皇に忠言してそれを思いとどまらせたが、そのことが、皇子の側から蘇我氏に告げられ、逆に、天皇が殺されたのである。徳川時代の学者安積艮斎《あさかごんさい》も、そう論じている。

天皇は、大きな功労のある大臣を殺す権利をもっていたという理由はない。後世の歴史には、蘇我氏が専横であったから、それを殺そうとしたのだということのみが伝えられている。しかし、何が専横であったかは明らかでない。蘇我氏は、忠孝の教えを奉ずる人ではなかったであろうが、仏教の教える慈悲は、重んじたにちがいない。

蘇我氏は、ただたんに、好奇心をもって、仏像をつくったり、寺を建てたり、僧侶を養成したりして、それで満足していたと解すべき史実はない。そのような想像をすることさえも、意味のないことである。慈悲を重んじる仏教の信徒が、天皇を殺して、それを喜んでいたというはずもない。蘇我氏は、自分の氏族を防衛する方法として、やむをえず、人をつかって、天皇を殺させたのであろう。こう判断するのが、至当ではなかろうか。天皇崇峻は、功労ある一大氏族を遇する道を知らなかった人といえよう。

天皇崇峻は殺された。しかしながら、聖徳太子（厩戸皇子）は、すこしも蘇我氏に反抗しなかった。その他の日本人も、ひとりとして、蘇我氏に反抗したものはいなかった。かえって群臣が、蘇我氏のもとにあつまってきた。蘇我氏を権力者として尊敬し、世のなかは長いあいだ太平無事であった。そういう際であったから、群臣は、男子の天皇を立てることに反対して、とくに女性の天皇を立てた。それには、さだめし聖徳太子も、関係していたことであろう。聖徳太子は、女性の天皇の摂政として、その地位についていたのである。すなわち、すべては計画的であったと、推測しうるのである。

蘇我氏の権力は、西暦五八七年から、六四五年までもつづいている。だいたい六十年という長いあいだ蘇我氏は、日本の権力者であった。蘇我氏と物部氏とが、権力を争っていたのは、西暦五七二年から五八七年まで、すなわち十五年間にわたっている。長いあいだ、二族は抗争していたのである。

この二大族の抗争をへて、蘇我氏が勝利をえた六十年の期間中には、天皇はなんの権力ももたなかった。教育勅語にいう「忠も孝」もなく、「億兆一心」の事実などもなかった。明治以後の政府は、はなはだしく計画的に、人民をあざむいたものである。明治から昭和にかけての文部大臣やその他の内閣大臣たちは、勅語をつくり、それを利用し、人民を奴隷のごとく、また羊の群れのごとくにすることを、その方針としていたのである。人類の幸福ということを基本として見るとき、彼らは悪政府であった。

仏教渡来時代の天皇は、文学者流のいわゆる国のシンボルというようなものではなかった。国民統合のシンボルでは、もちろんなかった。仏教渡来の時代には、人民のあいだに、天皇崇拝の観念などは、まったくなかった、と見るのが適当であろう。

蘇我氏が、後年になって、中大兄皇子《なかのおおえのおうじ》など、わずか数人の巧妙な陰謀によって倒されたのちには、日本ははじめて、郡県制の国となり、天皇は唯一の権力者となった。しかし道徳のそなわった時代にはならなかった。反乱もあった。人倫もみだれた。

蘇我氏が権力者となったのは、じつに、その実力によるものであるといえよう。蘇我氏の祖先は、九州を征伐したり、遠く新羅にわたって、新羅を降伏せしめた、まえに述べた武内宿禰大臣である。神功皇后の功業といわれる当時の事業も、武内の事業と見てよろしかろう。昔から、公然、神功皇后と武内宿禰とは、愛人関係であったと伝えられていた。明治時代にも、あいかわらず、一般の人民にさえ、そう言われていた。天皇応神は、天皇仲哀の子としては、月が合わないということは、昔から、ひろく一般人民の指摘するところであった。

蘇我氏は、大臣を世襲して、代々、その勢力が大きかったことは、想像にかたくない。物部の一大族が、蘇我氏と戦って、一敗地にまみれてからは、蘇我氏は、じつに日本唯一の威力をそなえた一大族であった。無力の天皇は、彼の権力を除こうとして、反対に殺された。聖徳太子は、唯々として、蘇我氏の命にしたがっていた。

聖徳太子は凡人ではなかった。このことは、これまで、なんぴとも疑わないところである。しかしながら、蘇我氏を排斥して天皇の勢力を保とうなどと、企てていたというような史実は、かつて見ないのである。

聖徳太子にかんして、安積艮斎《あさかごんさい》は論じている。

「われ、童子たりし時から、いにしえに聖徳太子という人があり、聡明にして仁厚く、君子人であったと聞いていた。年やや長じ、史書を読むようになり、往々にして、太子のことを記載し、賛美をきわめているを知った。その後、日本史を読み、その皇子伝を調べて、はじめて、その顚末をつまびらかにした。そうして嘆息した。ああこれ、一暗弱太子のみ。」云々。

安積艮斎は、つづいて言う。

「聖徳太子は、仏を信じない人は、仏の賊である。崇峻は仏を信じず、そのうえに、仏を信ずる馬子《うまこ》を殺そうとした。崇峻が殺されたのは、宿業《しゅくごう》の報いであると、聖徳太子は判断したのである。」云々。

聖徳太子が皇室のために忠義の人ではなかったことは、艮斎《ごんさい》の論ずるまでもないことである。それであるから、聖徳太子がいたために、天皇の権力が取りかえされたと論ずるような人が、今日もあるのは、正しい判断の人とはいえない。天皇崇峻が死んで、群臣は、男子の天皇を排して女性の天皇を立てたが、それは、蘇我氏も、聖徳太子も、一致した意見であったろう。また、それが、当時の安寧をたもつために、良策であったにちがいない。日本の天皇は男系にかぎる、という法則も道徳もなかったのである。

　当時の日本は、蘇我氏が権力者であって、天皇は権力者ではなかった。この事実と、この法理とをもって、当年の史実を解釈することが正しい、と私には思える。蘇我氏には、天皇の地位につく必要などは、まったくなかった。天皇という空名は、権力者には必要はないのである。今の人は、天皇崇拝にまどわされている。天皇の名などは、権力者は、なんぴとも欲しなかった、というのが史実である。天皇という存在は、蘇我氏には、なんらのさまたげにはならなかった。やさしい、おだやかな天皇を立てることが、治安上から必要であった。聖徳太子も、群臣も、この考えであったことは、後人として想像にかたくないのである。

　聖徳太子は、蘇我氏とかたく結び、一生をおわった。それは西暦六二一年のことであった。さだめし、安んじて逝《ゆ》かれたものと想像される。太子の死後も、蘇我氏は、依然として権力者であった。名は大臣であっても、権力者としては、天下の最高権力者であった。

　その権力のもとに、唐の使節も来た。蝦夷の征伐もおこなわれた。僧の玄理《げんり》は唐から帰朝した。寺院の広大なものも、そうとう建てられた。そうして数世の権力者であった蘇我一族は、西暦六四五年にほろんだ。権勢がその極に達して、そのために結局は、ほろんだのである。聖徳太子がほろぼしたのではない。

　聖徳太子と蘇我氏とは、親しみあい、両者はかたく結んでいた。仏教を日本にみちびき、日本にひろめたことについて、それを国民のための文化輸入として、賞賛しようというならば、蘇我氏と聖徳太子とを、あわせて功労者として礼賛することが公正である。これまでは、その公正の道をとらず、聖徳太子のみを尊敬していたが、これは、皇室本位にもとづく、大きな過失であった。

史実は卑怯であった。仏教徒も、慈悲の道徳を忘れて、長いあいだ、権力迎合の俗物と化していたのである。もしも聖徳太子が、賢明無比の一大人物であったとしたならば、その大人物が、唯々として服従していた蘇我氏もまた、非凡の人物であったにちがいない。もしも聖徳太子が、蘇我氏の権威をおそれて、そのために蘇我氏に屈従していたというのであるならば、聖徳太子は賤劣な一小人物であった、と判断せざるをえない。

聖徳太子には、十七条の憲法の一大遺物がある。その憲法は、孔孟《こうもう》の教えのみではなく、老荘《ろうそう》の教義も加味してあるものと、昔から学者は批判している。それは、聖徳太子ひとりの能力のみで、つくられたものではないと見たところで、その監修者としての聖徳太子は、非凡の人物であったように判断される。この非凡の人物を統御し、その才をのばさせたものは、蘇我氏であったことは、明らかである。蘇我氏は、稲目《いなめ》、馬子《うまこ》、蝦夷《えみし》、入鹿《いるか》の四代を通じ、いずれも、優れた統治者であったものと判断するのが合理的である、と私は考える。

仏教の渡来にともなって、日本はかなりな文化の国となったことは、なんぴとも認めるところである。そのまえには、日本民族には、儒教はすでに入っていたにしても、文化の民族であったというほどの歴史は見られない。六十年におよぶ蘇我氏三代の統治のあいだ、天皇に、一人でも優れた人物があったとは、見ることはできない。平凡な人のみであった。その間に傑出していた人といえば、蘇我氏と聖徳太子のみである。

この両者によって、天皇はきめられ、憲法も定められ、仏教は興隆され、医学、音楽も、はじめて輸入された。小野妹子《おののいもこ》や犬上御田鍬《いぬがみみたすき》は、ふたたび隋に派遣され、多くの留学生も送られた。そうして、天皇紀、国紀は編纂され、唐の使節は来たのである。日本民族は、いまだかつて見られなかった一大発展を、内に外になしとげている。権力者の事業であること、言うまでもない。

新村出《しんむらいずる》編『聖徳太子御年譜』には、つぎのように書いてある。

「馬子《うまこ》は、諸皇子群臣に勧めて、守屋を滅さんことを謀る（紀）。厩戸皇子は、白膠木《ぬるで》を切り取り、四天王像を作り、誓文を発す（紀）。馬子も又誓言を発す云々、亦本願に依って、飛鳥《あすか》の地に、法興寺を起す（紀）。」

仏教排斥の主唱者、物部守屋とたたかうために、権力者蘇我馬子と、当時、十四歳の少年であった厩戸皇子とは、はじめから、かたく結んでいたことを、証明している文書である。

聖徳太子が皇太子となったのは、二十歳のときであったが、その当時、日本の権力は、蘇我馬子が、確実に握っていた。憲法十七条は、聖徳太子が三十一歳のときに、つくられたものである。すなわち、馬子の権力下におこなわれた事業である。太子ただ一人の力のみで、あのような事業が、完成される理由はありえない。ただし十七条憲法は、撰定されただけのことであって、実行されてはいない。馬子は、「詔を承けて、それを必ず謹んでおこなう」ような無権力の人ではなかった。聖徳太子は、四十七歳のときに、「馬子と共に議して、天皇紀、国紀、臣、連、伴造、国造、百八十部、並に公民等の本紀を録している（紀）。」これは、まえにかかげた新村氏の著書に書いてある。

聖徳太子は、四十八歳のときに死んだ。その死後の四年目に、馬子は病に臥したが、そのときに、大臣馬子のために、「男女一千人が出家した。」（新村出氏の著書第二十八ページ）この一事は、馬子の徳望が、ひじょうに高いものであったことを証明している。聖徳太子の死んだときには、これほどの事件は生じていない。馬子は、聖徳太子にまさるほどの人物であったものと、私には判断される。

蘇我氏は、当時、日本唯一の一大権力者であったから、自ら王と称した。百官も蘇我氏のもとに参向した。それは当然のなりゆきであった。それをさして、権力の横どりと論ずる人のあるのは、人間本位の史論としては非合理である。民主主義の見かたからすれば、理に合わない言論といえる。すべて、実力の存するところに、権力はあるものだからである。それは人間社会の常理である。

3　天智の権力獲得

さて、蘇我氏の権力は、馬子《うまこ》、蝦夷《えみし》、入鹿《いるか》と、三代にわたって続いたが、とくに馬子は、ひじょうに人望のあった人である。まえに述べたように、それは、三代六十年にわたるのであって、明治、大正、昭和の三代と、ほとんど同じ期間の事実である。稲目《いなめ》をくわえれば、八十年におよぶのである。

この期間に、皇族のなかに不平の人が出てきた。それも人間の常識として、ありうることである。のちに天皇天智《てんち》となった中大兄皇子《なかのおおえのおうじ》が、その人であった。レジスタンス式の気力をそなえた人物であったにちがいない。その人は、中臣鎌子《なかとみのかまこ》と共謀して、蘇我氏の権力を奪うことを企てた。その計画は、きわめて密であったとみえる。西暦六四五年の六月の出来事であった。

中大兄《なかのおおえ》の同志はわずかに五人であったが、大胆にも、宮中で入鹿《いるか》を刺し殺した。ついで蝦夷《えみし》を殺害した。そうして完全に、権力を、その一派の手に握ったのである。人間が非凡であったことを物語るものである。しかしながら、中大兄は、聖徳ある大人物ではなかった。奸智にたけた人物であったことを、当時の歴史がしめしている。それは、つぎの事実によって判断されるのである。

暗殺は六月におこなわれたが、それから、わずか二ヵ月たった八月に、中大兄の兄にあたる古人大兄王《ふるひとのおおえのおう》が、中大兄にたいして反逆を企てた。多くの名家が、その反逆事件に関係していた。

事態の重大性を示している。

ついで、その年の十二月には、中大兄の宮殿に怪火があがった。それは、中大兄への反対者の呪いであったことを示している。

その翌年の六月には、中大兄の妻の父である蘇我石川麻呂《いしかわまろ》大臣は、「中大兄を暗殺することを企てた」という理由で、中大兄に殺されている。それにはかならず、こみいった事情があったにちがいない。石川麻呂は、蘇我氏でありながら、中大兄らと共謀して、蘇我入鹿《いるか》を暗殺した仲間のひとりである。秘密を知っていた人間にちがいない。石川麻呂の反逆企図は、「無実であった」ということであり、中大兄と妻とは、その殺害事件を、後から大いに悲しまれたと伝えられている。けれども、それも、天智一派の策略であったかも分からないのである。

天皇孝徳《こうとく》もまた、中大兄の横暴をいきどおり、その位を退くと言ったこともある。中大兄にたいして、不平であったのであろう。

天智は、不倫にも、その弟の大海人《おおあま》皇子の妻を奪った。そのために、ふたりは互に反目しあうことになったのである。これは、背信不徳の、はなはだしきものであった。天智は、その子の大友《おおとも》皇子、のちの弘文《こうぶん》に天皇の位をゆずろうとして、皇太弟大海人《おおあま》は、その地位を去って僧侶とならざるをえなくさせた。そのやり方が陰険であった。大海人は、ふかく天智をうらんだのである。昔の学者も、その点では、天智を非難している。たとえば、松本士権のごときは、「壬申《じんしん》の変をなした人は、大海人である。しかしながら、この乱のもとをつくった人は、天智である。天智がこの乱のもとをひらいた原因は、皇子大友《おおとも》を愛する私情から出たのである。」（松本士権著『論壬申之変』）と言っている。この批判は適当である。

天智が死んでまもなく、その子の天皇弘文は、天皇にたいして反逆をおこした叔父大海人、すなわち一人の僧侶の軍と戦ったが、二ヵ月の動乱ののちに、弘文の軍はまったく敗北し、弘文は、みずから首をくくって死んだ。聞くに忍びがたい悲惨な話である。天皇の縊死は、ほかに例がない。このようにして、天智のにぎった権力は、たちまちにして、その手から去って、一人の僧侶の手に移ったのである。すなわち天智は、その弟、のちの天皇天武《てんむ》に、権力を奪われてしまったのである。

このような史実があったのである。神武以来の日本の歴史において、天智のときに、はじめて権力が天皇に移って間もなく、天皇の権力は、反逆者である天皇の傍系に移ってしまったのであった。それはすでに、一系とはいいがたい。「万世一系の天皇統治す」は似てもつかぬ文句であった。

ところで、この天武もまた陰険な人であった。不道徳の人であったといえる。反逆をもって、その兄、天智の権力を奪いとり、兄の子天皇弘文をして自ら首をくくらせ、自分の手に、天皇の権力と富力とを奪いとったのである。これは、人間としての道義を重んずる正しい人とは言いえない。その兄の天智に、人民にたいするはなはだしい悪政があったのではない。ただ天武自身のために不利であったという事実があっただけであった。人民の利益と幸福とのために、革命をおこした高尚な人では、まったくなかったのである。人君としての道徳をそなえた大人物であったとは、とうてい言いえない。かかる人が統治者となることを、もしも日本人が賞賛するならば、「政治とは悪である」という結論になってしまうのである。それでは日本民族の不名誉は、ぬぐいえないことになる。

天皇天智によって開始された王朝権力は、このようにして、そのはじめから、乱脈の政治であった。この歴史の事実を秘密にしておくことは、不正の是認である。言論の自由は、なんのために、人間に保障されたのであるか。

このような歴史が、日本にはあるのである。人民は、なにがゆえに、天皇家を正確な理由なしに、絶対的に無上に崇拝して、それを国民の道徳のように考えるのか。日本人民の道徳の根元を、天皇に置くべしととなえる人は、果して本気であるのか。へつらい者であるのか。歴史を知らぬがゆえに、かかる迷信者となるのであろうか。

明治以後の政府は、教育勅語によって、明治二十三年このかた、日本人民をあざむいていた。人民は、それに迷わされてきたのである。いな、教育勅語のみとはいえない。明治以後のすべての勅語には、日本の歴史を抹殺して、皇運の扶翼に、人民の心を集結せしめようとした謀略が包まれていた。それが、日本民族をあやまらしめたのであった。日本民族の文化は、虚偽によって生ずるものではない。日本民族の幸福は、策略によって作られうるものではない。われらは、正しく生きるを要する。

そのために、正しい歴史を知る必要がある。国がはじまって以来、日本の主権はどのように移ってきたか。つぎに、そのあらすじをたどってみることにする。

4　日本の主権はどう移ったか

いわゆる「天孫降臨」とは、科学を無視するものである。人間を軽んずる、原人式な浮説である。「人皇の始祖」といわれる神武は、いずれの方面から、日本本土に渡来した人であったろうか。林羅山《はやしらざん》は、『神武天皇論』を著わし、「天孫と称せられるものが、もしも真に神の子であるならば、なにゆえに、畿内に降《くだ》らなかったのか、九州の片隅に来たというのは不可解である。なにゆえに、早く中央のよい国に都して、国を治めなかったのか。」と論評している。

羅山は、さらに論じて、「想うに天孫にたいして、大巳貴《おおあなむち》の拒否があり、神武にたいして長髄《ながすね》彦《ひこ》の反抗があったのは、神の降臨ということにたいしては、不可解のことである。想うに大巳貴と長髄彦のふたりは、わが国にふるくからいた酋長《しゅうちょう》であったのであろう。神武は、それに代って立った酋長であったのであろう。」と評している。

封建時代の学者は、明治以後の史家とちがって、自由に、その信ずるところを述べている。羅山はまた、「いにしえの神書を読むものは、知って言わず、今の神書を読むものは、偽って知らずとなす。」と非難している。私は、この正論に共鳴する。

天皇神武は、西方から東にむかって進撃し、理由もなしに、武力をもって各地に先住民族を征伐したが、ついに、長髄彦の自衛の権利に打たれて勝てなかった。そこで、欺瞞的な政略がもちいられたものであろう。饒速日《にぎはやひ》をつかって、その義兄にあたる長髄彦を殺させたのである。

このようにして、はじめて強敵はなくなり、彼の志した畿内に侵入しえたのであった。「我レ東ヲ征《ウ》チシヨリ、茲ニ六年ニナリヌ。又皇天ノ威《イ》ヲ頼《カ》リテ、兇徒戮《キョウトコロ》サレヌ。」と、後世つくられた、いわゆる「建国の詔」に、その事が明らかにされてある。

長髄彦《ながすねひこ》とは、まえにも述べたように、「巨人」という意味の名字であろう。古代のローマ史に見るゴールの英雄ヴェルサン・ジェトリックを思いおこさせるものがある。フランス人は、今日でも、このゴールの英雄を深く賛美している。これに反して、日本では、神武の侵略軍を苦しめた当時の巨人長髄彦を目して、一兇徒と卑下している。そこに、人間にたいする取りあつかいかたに、天地の差があるのを見いだすのである。けだしそれは、フランス人は人間を本位とし、日本人は天皇を本位とするところから生まれた差異であろう。私は、人間本位の言論に共鳴する。

神武建国の詔には、「辺土未ダ清《オサマ》ラズ、余妖《ヨヨウ》尚梗《ツヨ》シト雖、中洲ノ地マタ風塵《フウジン》ナシ。」と書いてある。それだけをとって見ても、神武は、日本全土の統治権者ではなかったことが明らかに示されている。そのゆえに、神武は、文学者流のいうような国のシンボル、象徴ではなかった、国民統合の象徴では、もちろんなかった。日本国の中央の一部に、君臨した酋長であったにすぎない。現人神《あらひとがみ》などではなかった。

その後、第二代の天皇綏靖の時代には、相続争いのために、兄弟のあいだに忌まわしい殺害事件がおこっていたことは、まえに述べたとおりである。以下、重複する点もあるが、日本の権力の移動のあらすじを知る便宜のために、もう一度、要点だけを整理して述べることにする。

第九代の天皇開化は、第八代の天皇孝元の皇后伊香色謎命《いかがしこめのみこと》を、自分の皇后にしている。後年第七十八代の天皇二条も、また、義理の叔母にあたる皇太后を、自分の皇后にしているのである。林羅山は、これらの史実にかんして、「人倫は三綱の魁《さきがけ》なり。人の上たるものにして、禽獣の行いあらば、いかにしてよく国家を治めんや。」と正論している。

国のはじめこのかた、代々の天皇は都を、かの地この地にと移している。正論家は、この遷都を評して、「あたかも町役場の移転のごとし。」と言っている。しかも各地に国造《くにのみやっこ》がいたのである。それは、それぞれ独立した地方権力者と解するのが、至当であろう。「みやつこ」とは、「奴隷」のこととは、解しえない。物部氏は、代々、地方の大きな領主であった。

くだって、仏教渡来のころ、大連《おおむらじ》すなわち大将の高い地位にいた物部守屋《もののべもりや》は、天皇の意思を無視して、外国献納の仏像を、難波の堀江に投げすてた。なんぴとも守屋に反抗しなかった。この事実は、当時の天皇は、無権力であったことを明らかにしている。

物部氏と蘇我氏とは、二大閥をなして争った。二族はついに兵力をもってあい争い、物部氏は破れて亡びさった。この時から、蘇我氏は、ひとり強大な権力者となり、聖徳太子は、蘇我氏の権力下に服従していた。蘇我氏は、王と称し、群臣は蘇我氏に絶対に服従した。蘇我氏は、自衛の手段として、天皇を殺させた。聖徳太子は、蘇我氏のなすままに、まかしていたのである。こうして蘇我氏の権力は、西暦五八七年から六四五年におよんでいる。重大史実である。

しかしながら、六四五年、蘇我氏は、中大兄皇子、中臣鎌子およびその他五人の陰謀家により、突如として暗殺された。この陰謀の成功によって、中大兄の手に、権力が移った。これが、後の天智天皇である。

天智天皇から以後は、日本では、それまでの封建制は必然に崩壊して、郡県の制度となり、権力は、はじめて天皇のものとなった。しかしながら、すぐさま内乱は生じ、外寇はおこり、国民統合の完成というほどまでにはならなかった。

そうして、中興の名君といわれている天智天皇が死んだあと、まもなく、皇位の争奪戦が生じたのである。しかしながら、その後、約二百年間にわたって、王朝の全盛期がつづいたのである。

日本の天皇で有名なのは、神武、天智、後醍醐《ごだいご》、明治《めいじ》の四人であるが、ほんとうに英雄とか、偉人とかいうほどの人物ではなかった。明治以後、天皇尊崇《そんすう》の名が、政略的に高くかかげられた。しかしながら、権力移動の歴史から見るならば、多くの天皇には、人倫にそむく醜いものがあった。昔から日本の天皇は、堯舜《ぎょうしゅん》のような聖人君子ではなかった。ただ、たんに天皇という名の人が多かったにすぎない。時としては、王権獲得のために活動した人も出た。しかしながら、多くは私心にみち、とうてい国民統合の象徴などといえるものではなかったのである。

そうして、王朝の主権は、第五十六代の天皇清和をもって終った。その後の主権はどこへ行ったのであろうか。

蘇我時代の中臣鎌子《なかとみのかまこ》の子孫は、王朝時代には藤原氏として大族をなし、代々、高官の地位を独占し、権勢をふるった。その一族は、いずれもみな、自家本位の人びとであった。彼らは、その女子を幾人も宮中の女官にして、天皇に側近せしめ、皇后、中宮《ちゅうぐう》、女御《にょご》などの美名をつけ、声色をもって天皇をもてあそび、天皇の近親となり、天皇は、あたかも藤原氏の婿《むこ》のようなものとなった。藤原氏は、その一族をもって官位を独占し、摂政の名により、権力をその手に握った。藤原氏こそは、天皇の権力を、自家に奪ったものといえるのである。藤原時代の天皇は、国の元首ではなかった。

藤原氏は、西暦八五八年から三百九年間にわたって、日本の権力を握った。しかし、すぐれた人物は出なかった。道長《みちなが》は、「この世をばわが世とぞ思う」と歌った。権力独占の事実を、後人に告白している。藤原氏の世は乱れた。地方に住まっていた源氏《げんじ》や平家《へいけ》は、かくて必然に、その勢力を得てきたのである。

西暦一一六七年、平清盛《たいらのきよもり》は、太政大臣を辞し、一僧侶となった。そうして権力を握るにいたった。その権力は十八年間つづいた。清盛は、法皇を鳥羽《とば》殿に押しこめた。清盛は、天皇の権力を奪ったのではない。藤原氏の有していた権力を奪いとったのである。

つぎに、一一八〇年、源頼朝《みなもとのよりとも》は父義朝《よしとも》の仇をうつために、伊豆に兵を挙げて平家に反抗した。頼朝は、幕府を鎌倉にひらいた。一一八五年、権力者の平家は戦いに破れて、まったく亡びさった。この時から権力は、源頼朝の手に握られることになった。頼朝は、天皇の権力を奪ったのではない。当時の天皇安徳《あんとく》は、平家とともに、海底に葬られて、この世から失せた。なんぴとも、平家をも、源氏をも、不臣として、責めようとはしなかった。このこともまた、当時の天皇は国民統合の象徴などではなかったことを物語っている。

源頼朝の握った権力は、三十四年間にわたったが、一二一九年、実朝が殺されて、他に移った。そのときから、執権《しっけん》北条氏が、必然に権力者となったのである。それから一三三三年まで百十四年間にわたって権力を握った。北条氏は、三代にわたり、人民のために、善政をほどこした。また、蒙古の侵略を打ちくだき、人心を一家におさめていた。北条氏は、自家の権力にたいする反逆人として、三人の上皇《じょうこう》を流刑に処した。人民は北条氏に服した。文士は『太平記《たいへいき》』を著わして、天皇を「謀反人」と裁断した。

一三一八年、天皇後醍醐が即位して、北条氏を倒すことを、ひそかに計画した。陰謀は発覚して、天皇は、隠岐《おき》の島に流された。天皇は権力者ではなく、権力にたいする犯罪人であったのである。しかし、北条氏は、元寇《げんこう》の乱ののちに、不満をいだいている武士に討たれて、ついに一三三三年に亡んだ。権力は一時、天皇後醍醐に移った。しかしながら、天皇に人心は帰さなかった。彼は、人君となるべき性質を有しない人であった。武人も、ほとんどすべてが、天皇を憎んだことは、田口卯吉《たぐちうきち》著『日本開化小史』につぎのように書いてある。（一〇八〜一〇九ページ）原文を読みやすいように、現代文に訳してかかげる。（註七）

「ところが、これらの武士が、京都に到着してみると、かねがね期待していたところは、まったく裏切られてしまった。

後醍醐がかねて望みをかけていたところは、武士の権力をそぎ、公家の世としようというのであった。そのために、武士の力を借りたのである。すでに北条氏を亡ぼした以上は、武士らと安楽をともにするのは、願うところではなかった。神教政府の教えは、ながく皇室を柔弱なものにしたので、後醍醐のような天皇でも、まったく勇気のない人であった。それがために、何事も武士とは性質を異にしており、もっとも困難なときでも、武士と面会することをきらったのである。

こんなふうであったから、鎌倉が亡んだのちには、決断もなく、知略もなく、ただ歌や音楽にのみたくみな、まるで女子のような、功のない公家どもや、祈禱をする僧侶や、妾《めかけ》どもが、第一に恩賞と高地位とを得て、それが政府に充満し、諸国の荘園をもらっていて、武士にはあたえる地位もなく、土地もないという有様であった。たまたま土地があれば、一ヵ所の土地を数人にあたえるようなことになった。(『太平記』にいう、あるいは、内々に訴えて天皇の許しがあれば、決断所にて、論人に理をつけ、又決断所にて、本土安堵を給われば、内々に、その地を別人の恩賞にされた。こんなふうで、一ヵ所の領地に、四、五人も給主がつき、国々の動乱は止むときがなかった。)そういうわけで、武士の功労はまったく無効となり、その利益は、公家などの白面の人にうばわれてしまった。

しかし、それでもまだ、武士のこうむった不幸の最大のものではなかった。公家や僧侶は、にわかに国家の政権をとり、人びとの上に立つ身となったために、諸国の武士は、それらの公家や僧侶から、バカにされる身になった。そうして、その人びとの収入は多かったところから、家は急に富み、ぜいたくの有様は、人の耳目をおどろかし、品行はみだれ、風俗はくずれ、その醜い評判はいたるところで聞かれた。(『太平記』に、そのほか、五十ヵ所の守護、国守、国々の関所、大きな庄屋の役を、ことごとく大小の官吏の連中がもらったため、その人びとはちょうどシナの陶義《とうぎ》のように、富貴を誇り、また鄭白《ていはく》のように衣食にぜいたくの限りをつくした。なお、そのほかに、千種殿と文観僧正のおごりと色ごとのことが、くわしく書かれてある。巻の十二を見よ。）

ところが、諸国の武士は、これとはくらべものにならないのみではなく、外にあっては、美車の後に走り、内にあっては、青ざむらいの前にひざまずかざるをえなかった。かつまた、当時、武士が、もっとも栄誉としていた御家人という名は廃され、その辺の下僕と区別はないことになった。このことは、武士のもっとも怒る点であった。

しかし、それでもまだ、不幸の最大のものではなかった。中興の政府は、天皇の政府であるために、万事は、礼式を正しくし、衣服をかざる必要があった。それゆえに、官省や宮殿を新築しなければならなかった。そのために、無用の土木はおこされ、国庫は窮乏し、紙幣を発行しても、その費用をつぐないきれなかった。ついに、日本国のすべての地頭や御家人から、その所得の二十分の一の税金をとって、それにあてることとなった。そのほか武家の法制は、ことごとく廃止され、武士の習慣はみないやしめられ、政令は朝に夕に改められた。そのために、国の蓄えも頼むにたらないことになり、勲功があっても訴える場所がなく、人びとはみな安心ができなかった。（『梅松論』にいう、今のおこなわれていることは、昔は新しいならわしであった。朕《ちん》（天皇）の新しい手本は、未来の先例となるべき改新の事業であると言って、新しいみことのりは、つぎつぎに出された。そうして、記録所、決断所を置かれたけれども、近臣は好きなときに、内々に、非を申し立てたために、みことのりは朝に変じ、夕に改まり、そのために人びとの浮き沈みは、手のひらをかえすような激しさであった。）」
以下略。

このような天皇後醍醐は、とうてい武士の上に立つことはできなかった。武士は、ふたたび武家が、権力者となることを切望した。すなわち人心は、まったく天皇から離れさったのである。新田義貞《にったよしさだ》は、天皇後醍醐に味方した。楠氏もまた天皇の側に立った。小説や劇としては、ふたりは忠臣らしく見られて、感傷的なよい読物や見世物となっている。しかしながら、天皇は志の小さな（山陽の評）、無能の人であり、また不義の人であった。権力を握らせられるような人物ではなかった。それであるから、孔子の教えた忠道によれば、かかる天皇を助けることは、むしろ不臣であり、不正であった。

かくして、後醍醐の権力はわずか三年にして亡びた。一代の人物足利尊氏が、一三三六年ついに権力者となった。彼は、天皇に討たれそうになって、逆に天皇を攻め、天皇を山中に追いこんだのである。尊氏には、全国の多くの武士がついた。九州人は十万人も尊氏にしたがって、京都に攻めのぼった。そうして、幕府を京都にひらき、日本を統一した。それから二百三十七年間にわたって主権者であった。尊氏によって、日本の各地の兵乱はしずめられたのである。それゆえに尊氏は、日本民族本位から論ずれば、平和の功労者であった。足利はまた、外国との通商をひらいた。

尊氏は、北朝を立てた。天皇にいささかも権力は与えなかったけれども、天皇はたしかに保存された。それであるから、皇室にたいしては、尊氏は誠忠の人でなかったが、反逆者ではなかったと評しうる。

「指してゆくかさぎの山を出でしより天《あま》が下にはかくれ家もなし」この和歌は、昔から尊王主義者の敬誦する和歌である。感傷家の耳には、美しく、いたわしく、あたかも美妙な音楽のように響くもののようである。しかしながら、天皇が山中に逃げこむようになったのは、天皇の不当不正の行為から生じた必然の結果であるにすぎない。とにかく、当時の日本人は、天皇後醍醐を尊敬しなかったことは、この歌が十分に証明している。

足利義満の時代にいたっては、時の人びとは、義満を天皇とおなじ地位においている。公卿は、義満にたいして階下に膝まずき、天皇にたいするとおなじ礼をもって礼拝している。(『日本政記』)そうして、天皇後小松《ごこまつ》は義満の子であるとの説も、昔から世にまことらしく伝えられている。それのみではない。後崇光院《ごすうこういん》もまた、義満の子であるとの説さえある。これは当時の日本人が、天皇を権力者と見なかったばかりか、神の子のように崇《あが》めなかったことを示している。その史実は、さらに研究すべきであるが、いずれにしても、新田義貞、楠正成《くすのきまさしげ》、名和長年《なわながとし》のわずか三人が出ただけのことで、当時の人心が、天皇に忠誠であったとの証拠には、とうていなりえないのである。

神武	太古時代 この時代は、史実不明の時代。天皇中心の歴史では、神武は西暦紀元前 660 年とされている。しかしそれは信用できない。紀元前 40 年頃であろうという説がある。正確なことはわからない。	蘇我 (93 年)	王朝 (213 年)	藤原 (309 年)
不明 （紀元前四〇年頃？ 紀元前六六〇年？）	西暦紀元一年	五五二年	六四五年	八五八年

反対に全国の武士は、ほとんどすべてが、天皇を見すて、天皇にむかって、弓をひき、刃《やいば》をむけていたことはたしかであった。この史実は、それを抹殺しえないのである。

足利幕府は、地方に、有力な多くの大名を置いた。大名は、大きな勢力を握っていた。そのために、統御が困難となり、外国の封建制とおなじような結果をまねいた。世は乱世となった。

織田信長《おだのぶなが》は、将軍義昭《よしあき》をはじめは将軍として奉戴し、のちには、その地位から不法に追いはらった。一五七三年のことである。当時の天皇は、あれどもなきにひとしい状態であった。信長は、一五八二年、その重臣の明智光秀《あけちみつひで》に、本能寺で殺された。すなわち、その権力は九年間であった。光秀は、わずかに数日のあいだ、征夷大将軍《せいいたいしょうぐん》となったが、豊臣秀吉《とよとみひでよし》に討たれて死に、権力は、秀吉の手に帰した。

日本の主権者の移動年表

一一六七年	平氏（18年）
一一八五年	源氏（34年）
一二一九年	北条（114年）
一三三三年	後醍醐（3年）
一三三六年	足利（237年）
一五七三年	織田（9年）
一五八二年	豊臣（18年）
一六〇〇年	徳川（267年）
一八六七年	明治以後（79年）
一九四六年	

　豊臣秀吉は、織田氏を完全に亡ぼして、大阪に幕府をひらいた（一五八二年）。そうして、国内を統一し、自分の発意で明《みん》と朝鮮とを、敵国として戦った。天皇は、権力とは、まったく無関係におかれた。

　秀吉が死んで、権力の争奪戦が生じた。全国の武士は、二つの団体に分かれた。一六〇〇年、関ヶ原《せきがはら》の一戦に大勝した徳川家康《とくがわいえやす》は、必然に、権力者となった。家康は、豊臣氏の権力を奪ったのではない。天皇の権力を奪ったのでは、もちろんない。天皇には、ぜんぜん権力はなかったのである。権力をもっていなかった天皇から、権力を奪えるはずのものではない。

　一六〇〇年九月十五日に、徳川家康が、関ヶ原の戦いに勝ち、同年九月二十日、近江《おうみ》の草津《くさつ》駅に、大兵をひきいて駐屯したときには、朝廷は、特使を草津につかわして、家康をねぎらった。公卿らは、争って家康の軍門におもむいた。（広池千九郎著『皇室野史』二十七ページ）権力者としての家康にたいして、服従の意思を示したのである。

明治以後、薩長政府をはじめ御用史家は、「徳川氏は、天皇の権力を奪いとった。」などと、公然、宣伝していた。伊藤博文のごときは、その最《さい》たるものである。しかしながら、このことばは、史実に反している。国民を欺いたものである。

渋沢栄一《しぶさわえいいち》の名をもって著わされた『徳川慶喜公政権奉還の意義』と題する一小冊子がある。英文と日本文とで書かれた宣伝書である。そのなかに、つぎの文がある。

「日本国民の悠久知るべからざる太古時代より相伝えたる信念は、我国民は、同一種族にして、其の総本家たる皇室を以て、君主と戴き、別家分家、数多に別れて、各一部族を為し、其の族長を奉ずるも、各族長は、共に皇室を中心として、君臣の義を弁ずるが故に、其の関係は、極めて濃厚なり、此を以て、皇室と人民とは、宗支父子の縁故ある上に、君臣主従の義を兼ねたるものなりと信じ居れり、再言すれば、日本国民は、悉く皆な皇室の本たる神の子孫にして、一家族の集りなり、而して其の政体は父権政治なり、故に人民は、皇室に対しては、絶対に服従の義務あるものなりと信ずるなり、之を国体の因りて以て基く所の本義となす。」

これは、非科学的な文書であり、笑うべき偽りの書かれたものである。渋沢が、もしも今日の民主国日本に生きていたならば、その偽りと権力へのおもねりとに、その面目を失し、穴あらば入らんと、困惑その身の置きどころなきにいたったことであろう。ただし、渋沢のその原文は、萩野由之《はぎのよしゆき》の歴史書をもとにしたものである。

大正《たいしょう》天皇即位の勅語には、つぎの字句がある。

「天壌無窮の神勅に依りて、万世一系の帝位を伝え、神器を奉じて八洲に臨み、皇化を宣べて、蒼生を撫す、爾臣民、世々相継ぎ、忠実公に奉ず、義は即ち君臣にして、情は猶父子のごとく、以て万邦無比の国体を成せり。」

この勅語は、あきらかに史実を無視した宣伝であった。内外人への欺きであった。その当時には、日本人も、列国人も、それにたいして、一言の異議をも、さしはさむ者はなかった。しかしながら、今日の日本人としては、それが史実に反するものであることを示し、日本人なるものは、偽りを認める者であってはならないとの自信を、人民の道徳として、かたくいましめる責任がある。そうして、それを世界の人類にむかって告ぐべきである。

以上、見てきたように、日本の権力は、昔から一貫して、ただ天皇一家にのみ握られていた事実はまったくない。日本の権力は、多くの日本人の手に、転々と握られてきたものである。

主権者の革《あらた》まることを学問上、「革命」と呼ばれている。日本にも、その革命は、いくたびかあったのである。それが、日本の慣例であった。これまでの学者や、官僚は、革命をきらって、革命を不道徳と論じ、天皇の権力主義を擁護した。そうして、「万世一系」を尊重し、「国体の無比」ということを、人民に説いた。欧米人もそれには、相当あざむかれていた。

しかしながら、今日の日本人は、世界の人間はすべて平等であるとの現代意識を身につけて、世界の文明人とともに、正しく世界に生きてゆくことが大切である。神器だの、神勅だのは「神代《かみよ》」の否認とともに、まったく無意義のものとなるのである。

民主日本には、「君臣」というものはもはや存在しないのである。「義は君臣にして、情は父子の如し」という文句は、文学的な一つの美文としてのみ、見られうるのである。新日本憲法には、かかる関係は、まったく存在しない。そうして、日本の歴史を学ぶならば、天皇と人民とが、父子であったとか、天皇と人民とは、君と臣との関係であったとかいうようなことは、二千年来、まず見られないのである。王朝の全盛時代でも、そのような近接した関係はないように見える。反対に、人民は奴隷のように取りあつかわれたという史料は、近ごろ、史家の研究によって明らかにされ、世上、すでにひろく知られている事実である。

四　維新と朝廷派

1　維新の目的はなんであったか

明治このかた、日本人の一般は、王政維新を高く評価し、それを「史上無比の一大事業」として、礼賛している。はたして、そのように尊ぶべき事件であったろうか。

明治以後の御用学者は、維新は、国民の尊王心から生じたものである、とこじつけ、当時の破壊活動をやった連中をさして、義士だの、功臣だのと、激賞している。はたして、それが事実であろうか。正論であろうか。

幕府の勇断によって、幕末に、開国の政策が、幕府の賢明な政治家の手で実行された。西欧の文明は、それによって、日本に輸入された。それにたいして、攘夷論者という破壊活動者が、朝廷がわや長州藩などにあらわれた。そうして、外人を追いはらわんとする主張と運動とが、はじめられるのである。

孝明《こうめい》天皇は、そういう、コチコチの国粋主義者の徒党に動かされて、勅使を立てて二回までも、攘夷の勅が、幕府の要人につたえられた。そうして攘夷の時日をさだめて、それを実行すべしとの勅にまで、事はすすめられたのである。それは、亡国の愚挙であったが、共鳴する日本人も、じつに多く出た。この一事にかんしては、それに反対し、筆誅をくわえてこそ、愛国の日本人といわるべきものであった。しかるに、明治以後の日本人は、この破壊活動を煽動した破壊者を、救国の忠臣のように賞めたてている。

西暦一八六四年（元治元年）、将軍家茂《いえもち》は、大名、旗本を引きつれて京都にのぼり、孝明天皇と会見した。そうして天皇の歓待を受けた。その折に、天皇は、したしく筆をとって一書を、将軍にあたえたが、それによると、

「攘夷は、天皇の意思ではなかったのであり、三条実美《さんじょうさねとみ》らの公卿が、長州藩の人びとと共謀し、天皇の命といつわり、攘夷の命を世上に発したのである。」

と明らかにしてある。すなわち攘夷は、世界を知らない天皇をあざむいた、危険行為であったのである。当時のスローガン「尊皇攘夷」は、人民をあざむいた亡国の策略であったのである。なんらの尊さも、そこにはなかった。

その破壊活動者は、幕府の外交を、口をきわめて非難した。開港と外人居留地の設置は、「城下の盟《ちかい》である。」と、ののしった。幕府は、日本国を外国に売るものであると非難し、討幕をあおった。公卿と薩長人とは、その破壊活動者の本拠であった。

しかしながら、天皇自身は、討幕の主張者ではなかった。孝明天皇は、勅書をもって、公然、幕府の存続をとなえていた。孝明天皇が、幕府に出した勅語に、それが明らかにされてある。建武時代の後醍醐天皇が、北条幕府にたいしてとった行動とは、まったく反対のものであった。討幕は、ただ天下とりの野心家がおこなった破壊活動にすぎなかった。

明治天皇は、「討幕の密勅」を、薩長二藩にくだしたといわれている。しかし、それも偽《にせ》の勅であった。岩倉具視が、一八六六年（慶応二年）十二月に、孝明天皇を暗殺した。この暗殺は、噂としては、当時からすでに多くの日本人に知られていたものであり、私なども、子どものころから、いくども聞かされていたことである。最近になって、歴史家も、そのことについて、多くの史料を発表している。（遠山茂樹著『明治維新』、滝川政次郎「皇室史の悲劇」「新潮」十月特大号）

この暗殺の事実については、維新史料編纂委員をしていた植村澄三郎という人が、私に「それはほんとうだよ。岩倉がやったのだ。岩倉は二度、それをこころみている。」と言われたことがある。岩倉は、自分の妹を宮中に入れ、女官にしておいて、天皇を風呂場で殺したと言われる。こうして岩倉は、わずか十六歳の、すこぶる気の弱い明治天皇を立てて、思うままにあやつり、薩長の策士らと連絡して、この「討幕の密勅」と称する偽勅《ぎちょく》を出したのである。それは、形式からいっても、用字法からいっても、明らかに偽勅である。それは岩倉の子分の、玉松操という男が書いたものである。このことは、後年になって、三条公爵家の倉庫を整理したさい、三重の桐の箱が発見され、ひらいてみたところ、明治天皇の十六歳のときの、下手な字で書いてある「明治天皇の親書」が出てきたので分かった。

それには、徳川の功労を無にしないように処理せよ、ということを、三条に命じている。討幕とはまったく正反対である。維新史料編纂の総裁金子堅太郎《かねこけんたろう》が、事の意外におどろいて、それを自ら、小石川第六天町の徳川家に持ってゆき、これが早く見つかったら、慶喜さんもさだめしお喜びになったことでしたろう、と言ったそうである。このことは、徳川家の家扶の古沢秀彌氏が、私に語られた実話である。明治以後の日本政府と歴史家とは数十年にわたって、日本人民をあざむき、世界の人類の眼をくらまそうとしたのである。

明治以後の歴史家は、「薩長公卿らの謀略によっておこなわれた王政維新は、旧封建制を廃止して、新しく郡県制度を布き、日本を文明に浴《し》せしめようとすることにあった。」などと言っている。しかしながら、薩長公卿らには、もともと、こんな理想などはなかったのである。そうして一八七一年（明治四年）になって、はじめて、封建制は廃止されたのである。歴史家は、事実を偽って自分かってなことを、日本人に教えていたのである。

日本の封建制度は、ヨーロッパのそれとは異なっていた。それは、日本人も知らず、外国人も知らないことである。徳川幕府の下の封建は三百年にわたって、平和のつづいた封建政治であったが、それは世界に類のなかったものである。それにしても、封建制度の廃止は、あきらかに時代に適していた。

その封建制廃止は、薩長人や朝廷人から、主張されたことはない。幕府側の識者らが、率先してとなえていたことである。小栗上野介《おぐりこうずけのすけ》が、それを率先して主張したことは、識者のあいだには、早くから知られている。討幕主張者側、すなわち朝廷側には、郡県制をはじめるために、幕府の倒壊を主張したものなどは、一人もいなかった。彼らには、そのような大局的な政論などは、まったく持ちあわせがなかったのである。

小栗は、第一回の遣米使節の一人として、すでにアメリカを見てきている。横浜を出帆し、サンフランシスコに行き、さらに南に下ってパナマ海峡をへて、東海岸に出てニューヨークに行っている。そこで三ヵ月ほど、いろいろの事情をしらべ、太平洋をわたって喜望峰を通り、ジャワ、ホンコンをへて、日本に帰ってきた。これほど見聞のひろい人物は、当時、ほかにはいなかった。日本に帰ると、彼は、自分が見聞し研究してきたところを、すぐさま、実行にうつしはじめた。財政家としては、むろん当時、彼の右に出るものはなかったのであるが、幕府の進歩的な業績は、ほとんど小栗が主張し、彼が実行にうつしたものである。商社を設立し、鉱山をひらき、生糸の輸出に着目し、不換紙幣の発行をやめさせ、さらに郵便、鉄道、ガス燈の設置までも計画して、実行にうつそうとしたのであった。また、海外の見聞から、封建制がすでに時代に合わないことを察知して、これを廃止して郡県にすべし、と主張した最初の人でもあったのである。

公平に見て、これほど建設的で進歩的な人物は、朝廷側には一人もいなかった。彼は剛直な江戸武士であったため、小利口な慶喜とも合わず、さらに薩長公卿の策士らからも深く憎まれた。そのため戊辰戦争のさいに、その養子や家来らとともに、領土において理由もなく惨殺された。当時の幕府には、小栗のほかに、進歩的で優秀な人材が多くいた。福沢諭吉《ふくざわゆきち》も、小栗の下にいた一人である。日本が近代文明を取りいれた基礎は、これらの人たちによって築かれたといえよう。明治以後の天皇中心の歴史が、それらの名前を抹殺してしまったけれども、いわゆる「維新の元勲」とくらべてみるならば、すべて数段と文明的な優秀な頭脳の持主であったことが明らかになるのである。

長州人は、「関ヶ原の旧怨をはらす」というのが、その真の目的であった。それは、たしかな事実である。彼らは、三百年にわたって、その足を、江戸にむけて寝ていたのである。それが、彼らのレジスタンス精神である。薩州人は、関ヶ原で敗北して以後、領地は安泰し、幕府の恩を感じていた。したがって、なんらの反幕はなかった。大立物であった西郷は、はじめから勤王家ではなかった。ただ一大野心家であった。「建業惟《こ》れ期す、ワシントン」と、彼は漢詩をつくって、世上に示していた人である。しかし建設の人ではなかった。彼は結局、謀反人である。鹿児島から大兵をひきいて、東京に攻めのぼったのが、それである。

西郷は、一八六七年（慶応三年十月）には、五百人の強盗を、平和の江戸に放って、市中に掠奪をおこなわしめている。彼の眼中には、人民の福祉などは、まったくなかったのである。彼の「敬天愛人」の文には、妙味があるけれども、その行動とは、まったく合っていない。

朝廷側の名だたる策士は、岩倉具視《いわくらともみ》であった。彼は、時代投合者《オポチュニスト》であって、狡猾《こうかつ》の人であった。さきにも述べたように、彼は、孝明天皇を暗殺して、十六歳の明治天皇を立てた。そうして、いっさいの陰謀を、大久保利通《おおくぼとしみち》と密謀してやってのけた人である。明治天皇は、ふかく岩倉をおそれたと、伝えられている。

一般の藩主や藩臣にいたっては、まったく日和見《ひよりみ》主義の小人物ばかりであった。卑怯な人びとであった。

近ごろになって、明治の維新は、農民の不平者によって起こされたものである、というような説を立てる人が出てきたが、それは、無理な説といわざるをえない。幕府時代の百姓一揆《いっき》は、政府をくつがえすというような、人権主義的な考え方のものではなかった。それほどの実力もなかった。また、そのような事実もない。ただし、維新以後には、それは、たしかにある。一揆は大規模におこなわれた。

王政維新は、野心家が、政権をその手に握って、顕要の地位に就《つ》こうとした政争にすぎなかった、と私は判断し、それを主張する。

維新以後の政治家は、世をあざむいていた。そうして、その下にいた歴史家は、学者の良心をすてて、天皇と天皇の政府のために、利益になるような事だけを、書いていたのである。

熊本の人、横井小楠《よこいしょうなん》は、「人君は、何がその天職であるのか、天にかわって、百姓を治める。それは、天徳の人でないかぎりは、できないことである。どうして、天の命にそうことができるであろうか。堯《ぎょう》が舜《しゅん》をえらんだのは、まことに、そのよろしきを得たものである。堯は、じつに、大聖人であった。」（漢詩を和訳した）と書いている。横井小楠は人物であったが、かかる人物は、俗物から嫌らわれて、暗殺されたのであった。

2　勤王学派の論理

儒者の山崎闇斎《やまざきあんさい》は、シナの歴史にある有名な革命史実を嫌らって、殷《いん》の湯王《とうおう》が、夏《か》の桀王《けつおう》を放逐したり、周の武王が殷の紂王《ちゅうおう》を討った革命を非難し、「この事は断じて許すことはできない。」と論じている。この説は、「忠は絶対的の道義である」との断定から出てくる議論である。この派の人は、「君は君たらずとも、臣は臣たらざるべからず。」と説くのである。すなわちこの説は、革命の絶対排斥論である。維新前後には、この主義をとなえていた、いわゆる勤王家が、日本にいくらかいた。橋本左内《はしもとさない》とか、吉田松陰《よしだしょういん》とかが、その一味である。

これらの学者は、漢学によってその思想をえた人であるけれども、孔子の説いた忠は、そんな偏屈のものではなかった。孔子ののこした『孝経』に、孔子の思想が明らかに述べられてある。それによれば、つぎのようなものである。（『孝経』第二十章「諫争編」）

「あえて問う、子が父の命にしたがうことは、孝といえるであろうか、と。孔子は曰く、参《さん》よ、（孔子の弟子の子路のこと）それはなんたる言であるのか、なんたる言であるのか。（二度くりかえして弟子を叱っている。）昔は天子に是非を直言する臣下が七人あれば、無道の天子といえども、天下を失わなかった。諸侯は是非を直言する臣下が五人あれば、無道といえども、その国を失わなかった。大夫は是非を直言する臣下が三人あれば、無道といえども、その家を失わなかった。士には是非を直言する友があれば、その身は名声を失うことはなかった。父には是非を直言する子があれば、すなわち身は不義におちいらなかった。それゆえに、もしも不義があったならば、子は、その父にたいして、争わなければならない、臣はその君にたいして、争わなければならない。不義の父の命令にしたがうことは、孝ではない。」

孔子の言は厳粛である。

孔子は、二千四百年の昔、すでに屈従主義を排し、正論の主張をもって、その弟子に教えていたのである。それは有名なドイツの学者ルドルフ・イエリングが説いた世界的名著『権利の闘争』と、同じ趣旨の教えである。山崎闇斎《やまざきあんさい》のごときは、孔子の教えを、理解する能力がなかったものである。彼は迂儒《うじゅ》たるをまぬがれなかった人といえる。

まえにも述べたように、日本は、古代から、国造があり、国司があった。それらは、いずれも地方の土着の君主であったと見てよい。古代から、天皇一人のみが、日本の君主ではなかった。孔子の教えは、それらの各君主によっても、適当に守らるべきであった。しかるに、勤王を説く学者は、日本には、古代からただ一人の君主、すなわち天皇のみがあったように論じている。これが、大きな欺瞞である。この派の学者は、「君が君たらずとも、臣は臣たれ。」と説くのであるが、それは奴隷根性の育成である。それは人間の無視である。君主に非道があったところで、その非道を許して、人間をその犠牲となし、みずからは満足すべしというのである。

維新は、山崎闇斎流の忠から生じたものではなかった。幕末の維新は、主権者を変更したことであった。したがって、それは、明らかに「革命」であった。この日本の革命は、野心をいだいていた公卿や、浪人や、薩長人らが、天下とりの目的をもって、おこなったことである。「勤王」とか「忠誠」とか、「真理の欲求」とか、から生じたことでは、まったくなかった。人民の権利、幸福のためでは、もちろんなかった。主義、思想のための革命ではなかった。政争にすぎなかった。

シナの後漢《ごかん》の官吏、馬融《ばゆう》は『忠経』を著わし、孔子の『孝経』にまねて、忠を論じている。それを、日本文に訳すると、つぎのとおりである。

「忠臣が、君につかえるには、忠が第一である。下の人は、よく君をいさめ、上の人は、よくそれを聴きいれれば、王道はかがやくのである。まだ形にあらわれないうちに諫めるのが、上である。すでに形にあらわれたことを諫めるのは、次である。すでにおこなわれたことを諫めるのは、下である。君に不法があっても、諫めないのは、それは忠臣ではない。

諫めるということは、すなおなことばではじめるものであり、なかばには、強く主張するのである。終りには、死んで君を戒めるのである。そうして、君と国とを安寧にするのである。

書経《しょきょう》にいっている、木は縄にしたがえば正しくなる、諫めにしたがえば、聖となる、と。」

この教えは、人間（自己）の滅却であって、人間のつよい主張を否認している。すなわち、人格の無視である。孔子の教えとは、千里の差がある。それは官僚の本体を示している。ただ、たんに君権保持のためにのみ、便利な教えである。

日本の迂儒は、孔子の教えを守ることを怠った。そうして馬融の言を重んじていた。ただし『忠経』は、一般には読まれてはいない。『葉隠《はがくれ》武士道』は、この忠経の亜流である。

君主におもねる者は、「君主の神聖」を説き、「侵すべからず」を原則と論ずる。「上官の命令は、朕の命令と心得よ。」との、旧日本軍部の教えは、君権万能主義の宣示であり、人民を、奴隷あつかいにした教義であった。昭和時代に「大君《おおきみ》の辺《へ》にこそ死なめ」と、全国の学生にたいして暗記を要求し、高らかにうたわしめた文部省の政策は、じつに人権無視のはなはだしきものであった。それが、人権尊重の国と戦ったのである。まことに、「人間と奴隷との戦争」に似ていたのである。日本の敗北は、はじめから必然であった。山崎闇斎の勤王論は、人民を亡ぼして、奴隷となす方式であった。

滝川政次郎氏の著書『日本歴史解禁』のなかに、

「平田篤胤《ひらたあつたね》は、人格下劣な大山師であった。この大山師のインチキな思想によって、維新の功臣たちが指導されたことは、正に日本国民の大なる禍であった。明治政府が、百年の齢《よわい》を保ちえずして、崩壊した根本原因は、ここにあるものと、私は考える。」（同書一七ページ）と書いてある。歴史家の正しい意見として、私はそれに共鳴する。ただし「維新の功臣」と言われているが、それは誰を指して言われたのであるか、その点は、私には疑問である。攘夷を叫んだ危険人物は、断じて日本国の功労者ではない。

維新がなってのち間もなく、薩長政府は、楠正成《くすのきまさしげ》を神として祭り、また織田信長《おだのぶなが》を忠臣として追賛したりしている。その楠氏は、はじめには北条幕府のために、大いに尽くした武人である。鎌倉幕府の命を奉じて、正成は、紀州の湯浅氏を征伐している。正成は、倒幕主義の人ではなかった。正成は、足利幕府を倒すことを主張した人でもなかった。正成の『遺訓』には、「某《それがし》、今度討死せば、天下は、尊氏の掌握せむ。」と書いてある。足利幕府を倒すべしとは、遺言してはいない。幕府制は必然のものと、正成は考えていた、と私には思われる。

正成は、孝を説き、その『壁書』に、「親の心に背かずして、好く事《つか》うるを孝という。」と書いている。後醍醐天皇は、後宇多と伏見の両上皇が、大覚寺《だいかくじ》と持明院《じみょういん》の両統から交互に天皇を立てるという約束をした、その重大事を無視して、自分の一統のみを重んじた人であったが、正成は、この一事については、後醍醐天皇を「不孝の子」として、認めていたはずである。

正成の忠は、一貫していなかった。正成はまた、「なにごとも、母に相談してはならない。」と、その子に遺訓している。正成の教えた孝とは、どういうことであったのか、明らかでない。正成は、「非理法権天」（非は理に勝てない、理は法に勝てない、法は権謀術数に勝てない、権謀術数は天には勝てない。）ととなえている。その「天」とは何か明らかでない。水戸《みと》光圀《みつくに》は、「嗚呼忠臣楠氏の墓」という文句を、後世にのこしているが、光圀のそのことばは、かならずしも哲理ではない。明治政府が、正成を祭ったことは、いかなる理由によったものか。私には、一種の政略とのみ解せられる。

明治以後の日本人は、「信長《のぶなが》が、皇居を造営した」ということをとらえて、一大忠臣のように賞めたてている。明治三年、明治政府は、みずから「建勲神社」の賛辞を、信長の廟《びょう》にささげたのである。信長は「皇居と、将軍の居城と」を、同時に修理させたのである。信長は、将軍を奉じて、やがてその将軍を追放した。忠とか精神家との評は、信長にはまったく適しない。野心家というのが至当の評である。

頼山陽《らいさんよう》は、信長の像にたいして、「両頬下殺《りょうきょうかさつ》、徳の薄きを知る。双眉急迫《そうびきゅうはく》、性の急なるを見る。」と賛している。好く当っている。信長は、徳望が欠けていた。その重臣明智光秀におそわれて、焼死したのは、その失徳の証拠である。信長をさして、忠臣というのは、見当ちがいもはなはだしいものである。

曲学者の言にもとづいて、明治政府は、日本の歴史をまったく無視したり、あるいはこじつけたりしている。そうして天皇中心主義を、組織的に、執拗に、日本の全人民に押し売りした。それが、その後の歴史教育の筋金となった。それを金科玉条として、下は小学校から、上は大学にいたるまでの教育でもって日本人に詰めこんだ。それを批判し、それに反対する学者は、すべて国賊として指弾されたのである。

歴史の真実を求める日本人であるならば、明治政府のこの術策をあばき、正しい史実を、全人民に知らしむべきである。それは、「文化日本」の建設のためである。憲法の保障する、「学問の自由」、「良心の自由」は、それあって、はじめて生きるのである。

3　公卿の収賄と策謀

維新は、実に闇黒の時局そのものであった。その名のみは美しくて、その実は、みにくいものであった。その例証はいくらでもある。とくに、公卿の行動は醜悪のかぎりであった。

西暦一八五八年（安政五年）二月、京都で策動していた越前の藩士橋本左内《はしもとさない》は、そのころ、江戸の松平春嶽《まつだいらしゅんがく》の屋敷内に住んでいた中根雪江《なかねせっこう》へ密書をおくって、そのなかに、つぎのようなことを書いている。原文は当時の候文であるが、今のことばに訳する。（註八）

「あちこちへ、ワイロやら、例の御染筆やら、書物買い入れやらで、五十両ばかり使い切りました。今後もどうか分かりませんから、また五十両でも百両でも、用心のために、お廻し願います。この地の公卿の家令どもは、金銭も喜びますが、道具もまた喜びます。道具は買手をこしらえて、売りつけるもののようです。それですから、御国から、品物を取りよせましょう。」

これは遠山茂樹著『明治維新史』（一〇四ページ）から写しとった一節である。

橋本左内は、公卿の家臣にワイロをおくって、ひそかに政治上の策動をおこなっていたことが、よく分かる。当時の公卿が、各雄藩から、または浪士らから、ワイロをとり、政争者を手玉にとっていたことは、明治の初年には、世に知られていた事実である。

公卿は、薩長を主とする強藩の策士と共謀して、孝明天皇の攘夷の勅書を作りあげたり、それを書きなおしたりしていた。攘夷の勅を幕府の老中に手渡すために、江戸へやってきた公卿大原《おおはら》重徳《しげのり》は、江戸で、薩長の策士らとはかって、勅書の文字を、ほしいままに変えたと伝えられている。

当時の幕府には、有名な旗本・水野筑後守《みずのちくごのかみ》がいた。勅書のなかに、「国を焦土となすも可なり。」という極端な文字があったのを見て、彼は、「天子が、国を焦土となすも可なり。などというのは、はなはだしく不都合である。それは天子の意思ではなくて、側近者のほしいままなことばにちがいない。このさい、拙者を、京都に差しつかわされたい。したしく天子に謁見して、天子の真意を伺いましょう。」ときびしく幕府の老中に申し出でたと、伝えられている。

公卿は、世界の大勢を知らなかった。薩長人らと組んで、日本の人心をまどわし、日本国のために、害をなしていたのである。

幕府時代には、江戸の大名、旗本は、朝廷から、爵位を受けていた。「口宣《くせん》」といって、一巻の巻物のなかに、爵位が記してあり、そのおわりのほうには、多くの公卿の姓名が書きつらねてあった。それを、公卿がたずさえて江戸にやってくると、爵位を受けた大名や旗本は、金を包んで、その返礼とした。いわば一種の売官、売爵であって、公卿の収入となるのであった。

当時、京都には、会津関白、薩州関白、長州関白といわれた三つの摂家があった。二条は会津、鷹司は長州、近衛は薩摩と、それぞれ結託していたのである。公卿は、公明な雲上人《うんじょうびと》ではなかった。

当時、長州は、三条実美《さんじょうさねとみ》を筆頭とする七人の公卿をさそい、攘夷の煽動者にしていた。それは日本を、危地におとしいれる策謀であった。孝明天皇の勅命を改作して、幕府に攘夷をおこなわせようと、企てたのであった。公卿の策謀は、まことに有害で危険そのものであった。

「討幕の密勅」といわれるものも、公卿と雄藩の策士とが、作りあげたものである。それは危険であり、不法な策謀であった。

足利義満の時代には、公卿の祖先は、どんなたいどをとっていたのであろうか。成恩寺関白《せいおんじかんぱく》経嗣《つねつぐ》の『北山巡幸記』によると、つぎのように書いてある。後小松天皇が、金閣寺に行幸したときのことである。

「これはひとえに、准三后義満、世をまつりこちたまいて、君を助け民をなずる御めぐみに、高麗唐土までも従いたてまつるほどの御勢なれば、聖運、武運、いよいよさかえまします。」云々。山陽の『日本政記』によって見ても、公卿は、足利義満にたいして、まったく臣下の礼をとって、礼拝した。こうして足利幕府にこびへつらい、下僕のように卑下して、その生活を保っていたものであることがわかる。三百年にわたって、公卿は、徳川幕府から、その禄をあたえられていた。そうして、辛うじて生活していたものである。つぎに、各家の禄高《ろくだか》をしるしてみよう。

近衛家	二、八〇〇石	九条家	二、〇四三石
二条家	一、七〇三石	一条家	二、〇四四石
鷹司家	一、五〇〇石		
西園寺家	五九〇石	醍醐家	三〇〇石
正親町三条家	二〇〇石	姉小路家	二〇〇石
橋本家	二〇〇石	中山家	二〇〇石
中御門家	三四一石	柳原家	二〇二石
三室戸家	一三〇石	万里小路家	三九〇石
四条家	一八〇石	六条家	二六五石
岩倉家	一五〇石		
		東久世家	蔵米

大原家　蔵米　沢家　蔵米

公卿は、すべてで百四十二戸であって、高い位はあっても虚位であった。生活は一般に困難であった。それは自ら招いたものである。藤原末期からの罪業である。

公卿は、藤原姓の人とはかぎらなかった。源氏、平氏もあれば、菅原家、清原家もあり、安倍家、卜部家、丹波家もあった。しかし藤原家の公卿は、すべての上位にいた。岩倉具視《いわくらともみ》は源氏であったが、その岩倉家では、明治の末期までは、正月になると、むかしの貧乏を忘れないようにと、一家そろって、握り飯をたべることにしていたという。

藤原時代には、これら公卿の祖先である藤原氏が、日本の権力を握っていた。当時は「藤原氏にあらずんば人にあらず。」とさえ言われたほどであった。藤原氏は代々、その女子を、天皇に配して、天皇家の舅《しゅうと》であった。

公卿には、人物として敬服に値いする人は、昔から出ていない。天皇とともに、権威もなしに長く続いてきたのであって、人民から崇拝されたのではない。

幕末の政争にまきこまれて、公卿は、反幕の人びとに大いに利用された。鳥羽伏見《とばふしみ》の乱に、慶喜が政治に失敗してから、各方面の総督として利用され、薩・長・土などに頤《あご》で使われるままに、その一身をゆだねたのであった。

東海道には、橋本実梁《はしもとじつりょう》、中山道には岩倉倶定《ともさだ》、北陸道には西園寺公望《さいおんじきんもち》、東北には九条道孝《くじょうみちたか》が、それぞれ軍の将師として、慶喜の軍や、東山道軍や北海道軍の戦争に、参加させられたものである。そうして、明治以後には、すべての公卿は、華族となり、ついで、公・侯・伯・子・男となり、八百年来の貧乏ぐらしから救われた。それからは「皇室の藩屏《はんぺい》」として、八十年にわたって、返り咲きをしたのである。しかし新憲法によって、それはいっさい廃止されるにいたった。

公卿は、天皇家とおなじように、国のはじめから、日本に引きつづき存在している。他の何族からも、亡ぼされることなく続いてきている。けだしそれは、その存続が、藤原氏の時代をのぞいては、国の政治にまったく関係がなく、その有無は、人民のあいだに、問題とならず、なんらの威力もなかったためであろう。全日本の人民の崇敬によって、今日まで、ながく続いてきたというほどのものではない。私は、そう判断する。公卿の有害であったのは、じつに徳川幕府の末期であった。

三条実美ら七人の公卿は、孝明天皇の攘夷の勅命を偽作した。そうして天皇に反逆し、長州に逃げた。公卿は、しぶとく攘夷をとなえて、日本民族を危地に追いこんだ。そのために、日本全土にわたって、平和を乱したのであった。

公卿の一人である岩倉具視は、さきにも述べたように、ついに孝明天皇を殺害し、明治天皇を手玉にとって、「討幕の密勅」をひそかに書き、そのほかにも、かず多くの不法がおこなわれた。かくして公卿は、日本民族にわざわいし、また天皇にもわざわいした。忠は、もちろんない。義もない。愛民もない。

しかしながら、一八六九年（明治二年）四月には、明治天皇は、公卿二十三人（九条、沢以下）に、禄をあたえて、その功労を賞した。島津、毛利、山内、鍋島ら九十余の藩主にも、同時にその功を賞したのであった。いかなる名分あって、公卿らに論功行賞がおこなわれたのであろうか。八十年来、日本の学者は、それを怪しむことさえもしないのである。

日本の学者は、ただ陰謀者や、暴行者を維新の功臣として礼賛してきたが、日本の歴史家は、それで、その責任を果すことができるのであろうか。明治時代の歴史家は、皇室中心主義なるものを表看板にかかげて、すこしも恥じるところがなかった。その史論が、みにくいものになりさがってしまうのは、当然であった。

公卿は、さきに述べたように、八百年の長いあいだにわたって、苦しい生活の底に沈んでいた。彼らは富力もなく、武力もなく、部下もなかった。そうして、人民からは離れさられ、学問からは遠ざかり、ただ、たんに和歌を詠《よ》むぐらいが、その仕事であった。

意気はしたがって銷沈し、体力はおとろえ、人間として向上する道もとざされていた。「雲上人《うんじょうびと》」といえば、高貴の人間のように、今の人には聞えるけれども、社会からすてられた人間の形容詞と思えばよろしいのであった。貧弱無為の人間の一団であった。

この種の社会から、人物の生まれ出るはずもなかった。公卿社会の人間は、いっぱんに、女性的であった。猜疑心《さいぎしん》がつよくて、責任心は、まるでなかった。薩長人や、浪人や、政争者流は、ワイロをおくって、この一団を勝手放題に利用していた。その野望をとげる道具につかっていたわけである。

公卿は、いっぱんに、弁舌が達者であり、応接はたくみであった。明治時代にはいっても、多くの貴族院議員らは、「公卿出身者は、いずれも弁舌たくみである。」という批評をしていた。故近衛文麿《このえあやまろ》の父篤麿《あつまろ》のごときは、「一見すれば高貴、再見すれば平凡、三見すれば信頼不可能。」とさえ、当年の政治家は、公言していた。彼らの滅びゆくのは、必然である。

4 鳥羽伏見の乱と朝廷派

さて、公卿らは薩長派とむすんで、かずかずの策謀をはたらいたが、朝廷派が徳川から権力を奪う分けめの戦いとなった鳥羽伏見の乱もまた、彼ら公卿と薩長派の策謀によっておこったものである。

一八六七年（慶応三年）十月に、京都にいた徳川慶喜は、自分の重臣らと一言の相談もせずに、独断で幕府の権力を放棄した。それと前後して、さきにも述べたように、岩倉の手でつくられた、偽《にせ》の、「討幕の密勅」なるものが、薩長の二藩に出された。そこで薩藩の西郷隆盛は、部下の益満休之助《ますみつきゅうのすけ》と伊牟田尚平《いむだしょうへい》を江戸に送り、江戸の薩摩屋敷において、五百人の浪人を募集させた。そうして、それに武器をわたして江戸市中にはなち、各所で民家に強盗せしめた。この事実は、知らない人が多いけれども、当時の文書には、相当に書かれている。私なども、幼少のころから、しきりに聞かされたものであった。

彼らは、民家から、五十万両を強奪したといわれる。のちに、この強盗団の巣屈である薩摩屋敷は、小栗上野介らの主張によって、焼きはらわれた。強盗らは京都にのがれ、西郷に会い、さらにまた信州において「赤報隊」というものを組織していたが、翌年の春、東山道総督軍によって、「偽《にせ》勤王」の名のもとに、主謀者はことごとく斬首された。のちに伊牟田も斬首された。証拠の湮滅《いんめつ》をはかるためであろう。この強盗団の組織には、西郷をはじめ、岩倉、大久保、板垣退助《いたがきたいすけ》らも加担していたのであるが、自分の野望を達するために手段をえらばぬ彼らの心事は、およそこのような陋劣なものであったのである。

権力を放棄した慶喜の善意は、十二月の小御所会議において、完膚なきまでにふみにじられた。慶喜自身は、会議に列席をゆるされなかった。岩倉や薩摩藩主は、不在の慶喜をはなはだしく侮辱し、領土の大削減を要求した。公正な論を主張した山内容堂《やまのうちようどう》は、懐中に短刀を握りしめた岩倉の暴論によって、ついに圧倒されたのである。この報がつたわると、当然に、徳川方に不満は勃発した。擾乱をさけるために、慶喜は、京都から大阪に去らざるをえなくなった。

ところが、慶喜が大阪城にいるかぎりは、西国の大名が、京都に兵を出すことができない。そこで慶喜をどかせようというのが、いわゆる「鳥羽伏見の乱」の根本の動機である。

そこで、朝廷側の策士らは、卑屈な、尾張と越前との二つの親藩を通して、慶喜に「単騎上京」を命じた。そうして、上京してきたならば、宮中において、井上馨《いのうえかおる》らが、慶喜を刺殺する準備をしていたのである。このことは明治になってから、井上自身が、植松澄三郎と大川平三郎との二人の実業家に、自慢話として聞かせた事実であった。

そのころ、大阪城に、江戸から薩摩屋敷強盗団の知らせがとどいた。そこで、会津および桑名の藩士は、「君側を清むるには好時機である。」と慶喜を説き、「薩藩奸党ノ者罪状之事」という斬奸状《ざんかんじょう》をたずさえ、慶喜を護衛して上京することになった。それは単なる護衛であるから、進撃態勢ではないのである。そうして先供が鳥羽まできたところ、薩長の軍隊が、関門をとじて通さない。そこで押問答になった。徳川方は、通れないので、芝生で酒を飲んだり、踊ったりしていたのであった。夕刻になって、そこへ、西郷が突然、大砲を打ちこんだのである。一八六八年（慶応四年）一月二日、これが戊辰《ぼしん》戦争の発端であった。

西郷は、そのとき、「勝てば、俺のほうが天下が取れる。敗れれば、俺のほうの天下はだめだ。ともかく撃ってしまえ。」という意味のことを放言している。西郷という人は、そういう男である。ほめるならば、その機智と勇断とを、ほめるべきであろう。しかし、むろん、「勤王」でもなんでもない。「人民」や「人命」などは、眼中になかったのである。現在であったならば、まっさきに破防法に引っかかる男であろう。

　天皇中心の歴史によると、この戦争で、徳川が敗走したように書いてあるが、まっ赤なうそである。徳川方は、はじめは優勢であった。山内容堂は、この戦争を目して、「あれは、会桑と薩長との私闘である。」と臣下に語っている。

　京都の紺屋で、かねて長州藩に出入りしていた岡という男がいた。この男が、自分で錦旗《きんき》をこしらえ、井上馨のもとにもってきた。そうして、この旗を出して、こちらが官軍だということにしなさいというのである。井上は大いによろこび、さっそく、これを軍門にかかげた。すると、このあいだ、亡くなった石渡荘太郎《いしわたそうたろう》の父親の、石渡敏一の親類で、神保修理《じんぼしゅり》という男が、「錦旗が出でたり。」とふれまわり、全軍が騒ぎになった。そこで、天皇には背けないというので、徳川方は淀《よど》まで引きさがってしまったのである。敗けたのでもなんでもない。しかし、結果において、勝敗は決してしまったのである。この偽造錦旗の事実は、私が、長州閥の田中義一から、偶然、聞いたものである。その紺屋の息子は、のちに陸軍大臣になった岡市之丞で、世間からは長州人と見られていた人である。神保は、江戸に帰ったのち、その責任をせめられ、切腹している。

　不決断な慶喜は、江戸に帰ることになり、海上に出ると、岩倉は、「慶喜反す。」という触れを全国に出した。それで、日和見《ひよりみ》の全国の大名どもは、朝廷側についてしまったのであった。

慶喜が政権を放棄して以来の朝廷側のやり口は、当時の武士として、自尊心をもつほどの人間ならば、とうてい堪えられないほどの卑劣なものであり、不正なものであった。小栗上野介は、綿密な作戦を立て、断固として、西軍を掃滅することを主張した。戦うべきか降伏すべきかをきめる、最後の江戸城会議は、一八六八年（慶応四年）一月十三日から七日間にわたって、連日、払暁にいたるまでつづけられた。小栗の軍略は、のちに大村益二郎が、江藤新平らに「もし、小栗の献策が用いられていたならば、われわれはほとんど生命がなかったであろう。」と語ったほどのものであった。

しかし慶喜は、迷いに迷いつづけた。最後の日、小栗は、ずかずかと慶喜の前にすすみ、その袖をかたくつかんで、最後の断をせまった。慶喜は、顔面蒼白となり、その袖をふりもぎって、奥へ逃げさった。議場騒然となり、会議はそれで終ったのであった。この事実は、私が、その会議に列席していた朝比奈甲斐守《あさひなかいのかみ》から、直接にきいたものである。

主戦論者は、あるものは領地にかえり、あるものは東北に去った。慶喜は、上野の寛永寺にしりぞき、恭順の書を朝廷の軍に提出した。その以後になって、慶喜に取りいり、慶喜にもちいられ、陸軍総裁という職にありついたのが、勝海舟《かつかいしゅう》である。彼は、幕府というものが存在していた時代には、要職についたことは、一度もない人である。後年、彼は、幕府の内状は一人で知っているというような顔をしていたが、彼に、幕府のことが分かる道理がないのである。

有栖川《ありすがわ》は東征大総督となり、西郷は参謀となって、江戸に向かってきた。西郷は、江戸焼き打ちということを考えた。それで彼は、東海軍の参謀木梨精一郎を、横浜のイギリス公使パークスの許にやった。江戸を襲撃するさい、負傷者が出るから、それの看護を願いたいというのである。するとパークスは、慶喜はすでに恭順しているのであるから、それを攻めるのは不法だといって叱った。その返事を、木梨が西郷のところへ持ってゆくと、西郷は、「そうか。」といったきり、何も言わなかったという。それであるから、なにも勝海舟が止めたのではない、そういう事情で、江戸焼き打ちはだめになったのである。それを勝《かつ》は、後年、あたかも両雄のおかげで、江戸が救われたかのように宣伝したのであった。

鳥羽伏見の乱がはじまったとき、まもなく朝廷のほうでも、徳川のほうでも、外国にむかって、局外中立を申しいれた。そこで、イギリス、アメリカ、フランス、オランダ、ポルトガル、イタリアなどの各国は、一月二十五日局外中立を宣言した。それであるから、西郷がパークスに援助をたのんでも、パークスが拒否するのは、当然であった。西郷は、参謀でありながら、中立とはなんであるか、分からない人であったろう。中立宣言の出たことさえ、知らなかったのであろう。

その中立宣言があるために、徳川方と朝廷方とは、国際法上の「交戦団体」となったのである。徳川方は、逆賊などというものではない。西郷が江戸にはいってきて、「汝の罪一等を減ず。」などと、言えたわけのものではないのであった。国際法上、二者は交戦団体であるから、対等に扱われなければならない。俘虜は殺してはならない。官軍は勝ったのであるから、戦利品として、徳川の城を取ることは、不法ではない。それであるから、明治天皇は、江戸城を取った。今の皇居である。したがって、こんどは、主権者でなくなった天皇は、主権者となった人民に、それを戻さなければならない。これが法理である。

西郷は、江戸を、平和のうちに占領した。西郷や大村は、そのことに満足せず、寛永寺に平和的に集合していた彰義隊に、突如、砲撃をくわえ、大兵をもって、これを討滅した。「彰義隊《しょうぎたい》が、謀反をおこした。」というのである。策士のやることは、いつの時代でも、まったくおなじような策略ではないか。

5 王政維新と思想の混乱

かくて、西暦一八六七年（慶応三年）十月、維新はおこなわれた。十一月に、朝廷は、「王政復古の大号令」を発した。そうして、「神武の古《いにしえ》に復《かえ》る。」と宣言した。「維新」と「復古」とは、まさに正反対の表言であるが、このような矛盾した宣言を、明治政府は、恬《てん》としておこなったのである。

明治天皇の政府は、また神代《かみよ》をあがめる政策をとった。「神勅」と称せられるものを尊び、人民に迷信をそそぎこんだ。この方策は後年、どれほど日本民族にわざわいしたか分からない。

明治二年明治政府は、イギリス公使のパークスを襲った攘夷論者を死刑に処して、首を市中にさらし、パークスに媚《こ》びた。攘夷をとなえ、人心を掻《か》きみだしてきた彼ら公卿や浪人どもは、もはや、その責任を完うするだけの良心を有していなかったのである。明治政府は、背信の政府であった。その政府に、人心の服するはずはなかった。それゆえ、維新のあと十年という長いあいだ、大小の内乱、擾乱が、全国にわたって生じたのである。

たとえば、明治二年には、横井小楠《よこいしょうなん》の暗殺、雲井龍雄《くもいたつお》の乱がおこった。明治三年には、山口藩士卒の反乱、同四年には、広沢参議《ひらさわさんぎ》の暗殺、同五年には、新潟県庁襲撃、官吏殺害の反乱、同六年には、征韓論の沸騰と政府の動揺、岩倉具視の暗殺未遂事件、佐賀の反乱、また前原一誠《まえばらいっせい》の山口における反乱、三重県および茨城県における地方人民の反乱、同十年には、西郷隆盛の大反乱が発生した。そうして、これに内応した中津の増田増太郎《ますだますたろう》、近江の大音龍太郎《おおおとりょうたろう》、紀州の陸奥宗光《むつむねみつ》の反逆事件がぞくぞくと、おこったのである。

「維新」は、平和を生んだ「美しい事件」では決してなかった。思想の乱脈が、あいつぐ反乱の事実を引きおこした。「億兆一心」なども、まったくなかったのである。

当時の思想の紊乱について、西郷隆盛は、つぎのように悲観している。

「万民の上に位する者、おのれをつつしみ、品行を正しくし、驕者をいましめ、節倹をつとめ、職業に勤労して、人民の標準となり、下民らの勤労を、気の毒に思うようならでは、政令はおこなわれがたし、しかるに、草創のはじめに立ちながら、家屋をかざり、衣服をかざり、美妾をかかえ、蓄財をはかりなば、維新の功業は、とげられまじきなり。今となりては、戊辰《ぼしん》の義戦も、ひとえに、私をいとなみたる姿となりゆき、天下にたいし、戦死者にたいして、面目なきぞとて、しきりに涙をもよおされける。」（神崎政穂《かんざきまさお》著『西郷南洲翁遺訓及遺文』）

西郷のこの述懐は、当時の大久保や岩倉らをはじめとして、政府要人の堕落をいきどおったものである。

文学博士重野安繹《しげのあんえき》は、当時の薩州出身の要路者にこびへつらった御用学者であったが、大久保利通のために「神道碑《しんどうひ》」と称するものを、勅命によって書いている。そのなかには、

「八男一女あり（中略）、第四子以下はみな側室、杉浦氏の出なり（中略）、臨幸したまうや夫人諸子みな謁をたまわる（中略）。臣第の臨御、これをはじめとす。」

この奇怪な「神道碑」を建て、彼らは、大久保の豪奢を、現代と後世とにつたえたのである。彼らの小人物であることを物語っている。「薩人は銭を愛す。」とは、明治時代の人びとが、ひろく口にしたところであった。西郷従道《さいごうつぐみち》の目黒《めぐろ》の大邸宅、大山巌《おおやまいわお》の青山穏田《おんでん》の大邸宅、海江田信義《かいえだのぶよし》の渋谷《しぶや》桜丘台の大邸宅、芝三田の松方正義《まつかたまさよし》の山林のような大邸宅のごときは、じつに広大なものであったが、彼らはいずれも薩州人である。

一八七八年（明治十一年）五月十四日午前八時、大久保利通は、麹町《こうじまち》の紀尾井坂《きおいざか》を、いつものように馬車に乗って、傲然として出勤する途中であった。突如、六人の壮士が大久保に襲いかかった。大久保が、馬車の左側の扉を排して、下車しようとするところを、一人の壮士が、その眉間から眼球にかけて、力づよく一刀をあびせた。大久保は、馬車から引きずり降ろされて、六人の壮士から切りさいなまれた。ひとりの壮士は、とどめの短刀をもって、その鍔元《つばもと》まで、大久保の咽《のど》に突きさした。壮士は、斬奸状《ざんかんじょう》を懐にしていたが、それを宮内省に持っていって、さし出した。それには、つぎのように書いてあった。原文は漢文式の文章である。（註九）

「石川県士族、島田一郎ら、仰いで天皇陛下に上奏し、俯して三千余万の人民に告げる。一郎ら、今日の我が国の現状を見るに、すべて政令法度は、天皇陛下の聖明なるお考えから出るのではなく、また庶民の公議によるものでもない。ただひとり要路の官吏数人の推断にもとづき、それらの人によって、勝手に決められているのである。」云々。

大久保は、岩倉具視を通じて、陰謀をたくましくしてきた人であり、冷酷専横の人であった。

西郷隆盛の態度はどうであったか。西郷は、反逆の一大軍の将として、熊本城に進撃するにのぞみ、司令官谷干城《たにかんじょう》に、つぎのような手紙をあたえている。原文は侯文である。（註一〇）

「拙者は、このたび、尋問するところがあって、明後十七日、県下から発足し、陸軍少将桐野利秋《きりのとしあき》、陸軍少将篠原国幹《しのはらくにもと》、および旧兵隊の者をしたがえて行きますから、その鎮台下を通行のときには、兵隊を整列して、指揮を受けられるよう、此段照会におよびます。
明治十年二月十五日
陸軍大将　西郷　隆盛
熊本鎮台司令官」

この不逞な書面は、今日もなお、熊本城内に保存されてある。維新前後における政争者の思想は、忠誠などということばをもって、説明のできるものでは、まったくなかった。

明治天皇の政府は、仏教を弾圧した。信教の自由などは、まるで彼らの考えになかったのである。「廃仏《はいぶつ》」をとなえ、「毀釈《きしゃく》」を命令し、全国の人心を乱した。その実例を示せば、つぎのようなものである。原文は候文である。（註一一）

「比叡山延暦寺《ひえいざんえんりゃくじ》にかんする事実。

仏像仏具などは、一ヵ所に囲っておくようにとのお定めでしたが、その場になって、京都から参った人のなかには、焼きすてたほうがよかろうという旨を申しましたので、私も、至極もっともと存じ、老人どもに申しつけ、それぞれ、指図いたし、仏像仏器は、焼きすて、からびつにおさめました。

右の物件のかわりに御神体を祭りました。社司どもが、厨子《ずし》などをなげすて、また多くの人夫は、鎗の石づきなどでもって、それらを打ちくだき、火中に投げました。」

これは、官命によって出張した樹下茂国《きのしたしげくに》の口供書である。昭和九年四月の『歴史公論』尾上《おがみ》金城《きんじょう》稿、『維新当時の廃仏毀釈』によって、ここに、それを再録したのである。

仏像をくだき、寺院をこわしたことは、全国におよんでいる。これは重大な悪政であった。千三百年前に、権力者の蘇我氏が、仏教を信じ、それを日本に入れてから、仏教は日本人の宗教となった。そうして、人民の精神教育に重大な効果をあげていたのである。ところが、「攘夷」と「復古」とをとなえる明治天皇政府の要人らは、仏教を外来思想として排斥し、日本の文明を破壊したのであった。彼らは、有害な権力掌握者どもであった。その彼らをさして、「維新の功労者」と呼ぶことは、理として許すべからざることである。

なお、勤王の雄藩といわれていた水戸藩のなかには、奇怪な説を述べる浪人がいた。石田虎茂という水戸浪人であったが、『糾問問答《きゅうもんもんどう》』という問答のなかに、その革命思想が出ている。藤沢衛彦《ふじさわもりひこ》著『閣老安藤対馬守』の二八一ページ以下に、それがのせてある。つぎに一句を抜き書きする。原文は候文だが、口語文にくだいて、かかげる。（註一二）

「主人の前中納言殿（水戸齊昭《なりあき》）は、和歌をこのまれ、本居学《もとおりがく》に志し、本居の説を信用されていた。そこで、主人の言われるところによると――シナの文王武王のように、その先君を殺して、ついに悪事を仕とげながらも、末代までも聖人であるといわれている。悪を仕とげれば、美名を後世にのこし、善でも仕とげなければ、悪名を残すということは、日本にもシナにもその例はすくなくない。日本も中古時代には、織田氏のように、足利義昭公《あしかがよしあき》をおしのけ、わがまま勝手なふるまいをしたけれども、その威勢が強かったために、逆賊の名を残さなかった。そうして諸大名は、信長に服従した。（中略）

たとえ外敵がやってきて、天子を押さえつけても、けっして、天地神明のにくしみを受けるようなことはない。悪をしたものは、人には知られなくても、未来は悪道に落ち、善をいたせば、この世では、仕合わせにならなくても、未来は仏というものになるというようなことは、けがらわしい坊主どものでたらめのことばである。坊主どものそんなことを気にかけていたのでは、大事業はなしとげられるものでない。だから、本居の説のみを信用すべきである——こういうふうに主人は、いつも臣下に申しきかされていた。」云々。

このような事実が、水戸藩にあったものとすれば、水戸藩は、勤王とは正反対の思想の持主であった。水戸人の思想は、じつに混沌としていた。藩士はたがいに、にくみあい、うらみあっていた。水戸藩の行動は、結果から見れば、日本民族のためには、大害あって、すこしも利はなかった。

「維新は尊王から生じた」という、これまでの解説は、偽りであった。私にはそう見える。それは、史実にもとづく私の判断である。

6　王政維新と人民

明治政府時代における、政治の方式を改めようとする一連の、長年月にわたる事実をさして、それを「明治維新」と名づけるのであるならば、明治以後に生じた「各地の民権運動」や、維新ののちに激しくおこった「農民の騒擾」もまた、維新の一大事実につけ加えらるべきものであろう。しかしながら、もともと、武家が握っていた主権が、天皇の手に移った事実をさして、それを「維新」と呼ぶのであるならば、この維新には、庶民の参加は、天皇、将軍、大名、旗本、武士、公卿らの参加にくらべて、きわめて僅かなものであったことになる。

いわゆる百姓一揆《いっき》は、維新前にもあった。しかしながら、維新後のほうが、はるかに激しいものであり、またその度数も多かったことは、すでに歴史家によって明らかにされている。それは、武家政治にたいして、農民が憤激した事件よりも、明治政府となった後の天皇政治にたいする不平のほうが大きかったことを物語る史実である。

徳川幕府時代、二百七十年を通じて、百姓一揆は千五百件もあった。その一揆は、幕府にたいする不平ではなくて、地方の大名や、大名の臣下にたいする、小さな不平であった。

西暦一七二六年、美作津山《みまさかつやま》におこった八千人の百姓一揆は、「殿様にうらみあり。」という表言をもっておこなわれた騒擾であった。一七四七年、出羽《でわ》の上の山に生じた三十一ヵ村の百姓一揆も、おなじ種類のものであった。また一八二三年、紀伊《きい》の十三万人の百姓のおこした百姓一揆も、おなじ性質のものであった。いっぱんに、幕府時代の百姓一揆は、「幕府を仆せ」というような、大規模な革命的のものではなかった。

幕末の一八六六年、すなわち長州征伐のあった時代には、地方に、四十件の百姓一揆がおこったと伝えられている。それは、地方大名の虐政にたいして生じたものである。「幕府制度を廃止せよ」というような、革命的な性質のものでは、まったくなかった。すなわち、それらの騒擾は、「王政維新とは関係がない」というべき事件である。

明治政府時代には、このような百姓一揆とは異なり、農民の天皇政府にたいする大きな不平が、強度に爆発した。そうして、百姓一揆は、革命的な性質のものとなったのである。すなわち、一八六八年（明治元年）には十七件の百姓一揆が生じ、一八六九年（明治二年）には四十二件の一揆がおこった。一八六九年の甲州の百姓一揆は、二万人の百姓がたちあがり、なかには武器をたずさえていたものもあった。明治天皇の時代は、百姓のためには、「幸福な時代では、けっしてなかったこと」をしめしている。

大久保利通のために建てられた「神道碑」のなかには、

「はじめに幕府の制しがたきあり、つぐに諸藩の処しがたきあり、後にまた士民の諭しがたきあり。」

との文句がある。それは、庶民の反抗のはげしかったことを示している、なによりの証拠である。

幕末には、庶民のなかから、士分《さむらい》の地位にのぼって、政治上に活躍した人物も、かず多くあらわれた。それは、元亀天正《げんきてんしょう》時代に、豊臣秀吉を筆頭として、かず多くの大人物を出した日本としては、なんら、めずらしい事実ではなかったのである。しかしながら、維新のときには、庶民から、ひじょうにすぐれた人物も出てはいない。国事に働いたものは、多くは各藩の士分の人間であった。

服部之総氏の著『明治維新』によれば、つぎのように書いてある。

「一八六八年から一八七七年におよぶ明治初年の十年間だけで、これまで用いられた『一揆』ということばのかわりに、『農民騒擾』という文字で記録されているような大がかりな暴動が、こんにちの三府四十三県ぜんぶにわたって、一つの漏れもなく、三百件ちかい数にのぼっていたという事実は、全国の農民が、維新後、日本農村のこの風景を変えたいと願って、立ちあがったことを物語っています。」（同書八六ページ）

この記述は、維新以後において、日本の農民が、日本の政治の改革に、参与するようになった事実を、明らかにされたものである。それはすなわち、維新に参画したのではない、との説明でもある。

明治天皇政府は、「万機公論に決すべし」との天皇の誓文を、誠実に実行しなかった。それは人民の憤りを、政府がみずから醸《かも》しだしたのである。民主日本の改造は、日本の全人民によって、おこなわるべきものである。

幕末には、幕府は、昔からの武士独占の政治をあらためている。幕府の開設した「講武所《こうぶしょ》」には、庶民のなかから、多くの兵士が集められた。文身《いれずみ》の勇み肌の青壮年が、すすんで護国の軍兵となったのである。農民も、そのなかにいた。勘定奉行《かんじょうぶぎょう》（今の大蔵大臣）の小栗上野介《おぐりこうずけのすけ》が、旗本から租税を取りたてて、その資金をもって、庶民のなかから多くの軍兵を募ったものである。この軍兵は、フランス人士官によって訓練され、「文明式の軍隊」をつくった。その数は、三千人におよんだのである。

一八六八年（明治元年）のはじめに、西郷のひきいた、いわゆる官軍が、江戸の占領をおこなうに先だって、日本橋魚河岸《うおがし》の若い衆たちは、旗本、朝比奈甲斐守《あさひなかいのかみ》の屋敷に、その総代人をおくり、「魚河岸だけは、私どもが守ります、御免じ願います。」と申し出たと伝えられている。今日いうところのレジスタンスである。（朝比奈甲斐守の直話）

水戸に、「攘夷の勅書返還の事件」がおこったときに、農民のなかにも、その返還に反対するものが出てきた。百姓恒蔵《つねぞう》は、野口村の一農民であったが、藩士にたのまれて、一つの密書を、江戸の水戸邸へとどけるという大切な使命をひき受けた。そうして、一人ひそかに出発して江戸にむかったが、途中で幕府の役人に捕えられた。恒蔵は、事の発覚をおそれて、密書を歯で食いやぶり、自分は、その場で自殺したという事実がある。

越後の長岡では、城下の婦女たちが、官軍の占領していた長岡城にはいってゆき、官軍の兵隊たちに、センベイや菓子を売りながら、何気なく城中の情況をさぐっては、長岡藩の要人に知らせていた。そのために官軍の作戦は、すっかり敵に洩れてしまった。一夜、城下の街々、各所から烽火《のろし》があがった。すると砲声が、ドッと一度に、とどろきわたった。長岡の藩兵は、それに呼応して、官軍を攻撃した。官軍はびっくりして、あわてふためき、城をすてて逃げた。官軍の総督、西園寺公望《さいおんじきんもち》は、辛うじて身をもって、難を逃がれた。その後、官軍は大軍をひきいて来襲し、城はふたたび彼らの占領するところとなったが、官軍は、市民の行動をうらみ、市民を数しれず惨殺した。この事は、同藩下の市民のレジスタンスの成功を示すものであった。

この官軍の参謀は、山県有朋《やまがたありとも》であった。山県は市民を惨殺し、そのうえに、長岡城を徹底的に破壊して、その横暴ぶりを露骨に示した。その後、長い年月のあいだ、この城の占領された日をもって、同地方の連隊の記念日にしたという。このように、山県有朋は、怨みをいだくこと極端な人間であった。文明人の資格をそなえていなかったのである。

維新にかんし、各地で、たとえその数はわずかにしても、商人や農民たちが、分に応じて、物質的に働いた多少の事実はある。薩・長・土・肥の士分《さむらい》だけが、維新前後の国事に尽くしたのではない。維新は、薩・長・土・肥の藩主と藩臣のみが、なしとげた一大事業であるかのように宣伝したことは、また全日本人をあざむく悪宣伝であった。

それとともに、維新は、百姓一揆によって生じたもののように、近ごろ説く人のあることも、またおなじように日本人をあざむく言説である。維新は、革命ではあったが、英・仏・露・独におこなわれた革命とはことなっていた。市民階級の人びと、あるいは、プロレタリアのおこした革命ではなかった。

西洋の近代市民革命には、ブルジョアもプロレタリアも、いっしょになって、権力者の倒壊をなしとげているけれども、日本のは、それとちがって、庶民の革命への参加は、ほとんどなかった。アメリカのアンドリュー・ロスの著書『日本のディレンマ』には、その点に誤りがある。これは、日本人の誰かが、百姓が革命の主力であったかのように、ロスに教えたものであろう。ロス自身で、そのような説を考えだせるはずがない。

日本の庶民は、権力者が誰であろうとも、無関心であったものと解せられる。幕府が政権を放棄した当時に、京都で討幕府派の策謀がおこなわれて、「えらいこっちゃ」と、市中でさわぎまわらせられた京都の庶民をのぞいては、日本の庶民は喜びもせず、また悲しみもしなかったというのが事実である。

「王政復古がおこなわれたからといって、東方の一般市民は、まったく無関心であった。」と、北野元峰《きたのげんぽう》老師は、私に語ったことがある。彼は有名な越前の曹洞宗の大本山、永平寺の管長であり、仏教上の学問の深い有名な老僧であって、寺内正毅《てらうちせいき》や児玉源太郎《こだまげんたろう》など長州出身の名士から尊敬されていた人であったから、いい加減のことを、私に話すはずもない。

もともと天皇は、一般庶民とは、すこしも接触するところがなかった。百姓や町人は、いささかも、天皇の恩義をこうむるわけでもなかった。「義は君臣だ」とか、「情は父子だ」とかいうことは、後年の策士どもが、考え出した方便であった。東京大学医科大学の教授で、明治天皇の侍医として有名な、ドイツ人のベルツは、「天長節があっても、日本の人民は旗を出して祝わない。」と、天皇と人民とがいかに無関係であったかを、その日記（明治十三年十一月三日の日記）に書いている。ベルツは、薩長全盛の時代に日本にいた人であった。だから天皇本位、薩長本位の意見をもって、日記は書いてある。それであるから、天長節に、人民が国旗を揚げないのを悲しんでいる。

7　「万機公論」の抹殺

右に述べたように、王政維新によってつくられた明治天皇の政府は、けっして、日本人民と深いつながりをもったものではなかった。また、人民のつよい支持を受けたものでもなかった。ましてや、人民の望むところは、天皇権力万能主義などではなかった。

すでに、越前と土佐の藩には、民主主義の理を知っていた人がいた。幕府には、すでに小栗上野介をはじめとして、郡県制を主張していた人も、すくなからずあった。天皇の政府は、この説を無視することはできなかった。そこで、人民を手なずけるためにも、天皇の政府は、「万機公論に決すべし」という「五箇条の誓文」を、天地神明にちかわざるをえなかったのである。それは、厳粛な誓いであった。

しかるに、この誓いは、その後、明治の中ごろに、明治天皇のいくつかの詔勅をもって、抹消されて、無効のものとなってしまった。その詔勅のおもなものは、

㈠　軍人に賜った五箇条の勅諭
㈡　憲法に関する勅語
㈢　教育勅語

この三種である。

第一に、明治十五年一月四日に発せられた「軍人に賜った勅諭」は、その目的とするところは、天皇権力中心主義の確立にあった。「万機公論に決すべし」という誓文は、これをもって、まず否定された。

この勅諭の冒頭には、「我国の軍隊は、世々天皇の統率し給ふ所にぞある。」と書いてある。これが、「統帥権独立」の基調をなすものであった。さきに述べたように、日本の歴史によれば、

神武以来、代々天皇が、国の軍隊を統率したという事実はこれを見ない。古代には、大連《おおむらじ》、すなわち大将の物部《もののべ》氏が、もののふとして軍を統率していたと見たほうが適当であろう。古書に、物部を、もののふと読み、後世に、武士のことを「もののふ」というようになったのは、物部氏の呼び方から始まったものであると書いてある。物部氏が亡んだのちも、もちろん、天皇が軍隊を統率したという事実はない。

つづいて「世の乱れと共に、政治の大権も亦武士の手に落ち、人力を以て、挽回すべきにあらずとはいへ」と書いてある。このことは、権力の移動が、社会情勢の要求によっておこなわれ、武士は、天皇の権力を奪いとったものでないことを、裏書きしたものと見ることができる。

つぎに、徳川幕府は、孝明天皇の意思に反して、攘夷をおこなわなかったので、天皇は、それを憂慮せられた、と書いてある。これは、天皇孝明と、将軍家茂との協調の事実を無視したものであって、「尊王攘夷」の煽動と言える。危険な勅語である。

つぎに、「文武忠臣良弼ありて、又臣民の心に、順逆の理を弁《わきま》え、大義を知れる故に、古《いにしえ》の制度に復しぬ。」と書いてある。これは、倒幕派への賛辞であり、また天皇権力主義の鼓吹である。

つぎに、「兵制を改め、我国の光を輝さんと思ひ」と書いてある。これは、国防のためではなく、侵略主義の、あるいは軍国主義の鼓吹と言える。

ついで、「天子は、文武の大権を掌握するの義を存して、再び中世以降の如き失体なからんことを望むなり。朕は、汝等軍人の大元帥なるぞ。」と書いてある。これは、「天皇権力中心主義」を露骨に示したものであり、「万機公論に決すべし」との誓文の抹殺であった。五箇条の誓文にともなって、天皇の宣言せられた「非常の改革」ではなくして、「未開日本の古に復す」との命令であった。それは専制主義の尊重であり、頑迷な保守主義の鼓吹であることは、いうまでもない。

第二に、明治二十二年二月十一日に公布された「憲法に関する勅語」は、人民のために、人権を保障したものでなく、人民にむかって、服従を要求したものであった。

この勅語には、「永遠に循行する所を知らしむ。」とあり、また「憲法改正の権は、天皇にのみある。」と書いてある。それは、永遠に、天皇権力主義が確保せられ、人民には憲法改正を主張する権利をみとめないことを、きびしく命じたものであった。すなわちそれは、「万機公論に決すべし」という誓文の否認であった。

第三は、明治二十三年十月三十日には、「教育勅語」が公布された。この勅語は、天皇の徳を、天皇みずから、人民にむかって誇り、「徳を樹《た》つること深厚に」と書いてある。それは、日本歴史に明らかに見うけられる古来からの反乱や紛擾を、覆いかくしたものであって、道徳上、とうてい承認することのできない傲慢の語句であるのをまぬがれなかった。

つづいて、「克《よ》く忠に克く孝に、億兆心を一にして、世々、厥《そ》の美を済《な》せるは」と書いてある。日本歴史を通じて、かかる時代は、存在しなかったのである。正論者としては、かく主張せざる

をえない。この点は、滝川政次郎氏の著『日本歴史解禁』にも、きびしく論じられてある。（同書参照）

ついで、「国憲を重んじ、国法に遵《したが》い」と書いてある。それは、すなわち専制主義、権力万能主義の明治憲法の絶対尊重を命令したものであって、これもまた、「万機公論に決すべし」という五箇条の誓文の抹消であった。

つぎに、「一旦緩急あらば、義勇公に奉じ、以て天壌無窮の皇運を扶翼《ふよく》すべし。」と書いてある。それは、すなわち、いわゆる神勅の承認を、あらゆる日本人民に命令したことであり、天皇崇拝を、全国民に教えこんだものである。

教育勅語の末尾には、「これを中外に施《ほどこ》して悖《もと》らず。」と書いてある。この一語は、天皇権力主義を、外国にまでも、強制しようとするものであって、列国にたいして、はなはだしく不遜であり、国際法上、不法の主張であった。この勅語は、日本人民に、外国をあなどる気風と、「特殊な国体である」という誇大な自負心とを生みださせた、いちばん大きな原因となったものであった。

かかる不当の勅語は、政府の大臣らが、輔弼《ほひつ》の責任をあやまったものである。起案者伊藤博文、井上毅の大きな責任である。

明治天皇は、神明に誓った五箇条の誓文を、こうして、自ら抹殺したのである。

明治時代の日本人は、「天皇は神聖にして侵すべからず」の憲法におさえつけられ、詔勅を批判する自由をもっていなかった。正論は、世に出るすきまもなかった。それが昭和時代になって、「降伏日本」という結果をまねいたのであった。

明治政府は、日本人をあやまらしめた。明治天皇が神明に誓った大切の誓文を、後年になって自ら抹消せられたが、旧憲法時代の日本人は、そのことを言いえなかったのである。今日の新憲法の時代になり、言論の自由があってはじめて、それが過りであったことを、指摘できるのである。「軍人に賜った五箇条の勅諭」、および「教育勅語」は、全国の壮年、青年および少年の思想を、天皇崇拝主義にかためさせた。明治十五年以来、七十年にわたって、これらの詔勅は、全人民に暗誦させられ、人民はそれに同化させられた。それが、外国にたいする侵略にいかに役立ったかは、外国人の見破っているとおりである。それはまた、人民を服従主義の人間と化し、官僚をますます横暴たらしめるのに役立ったのみか、のちには、ついに、人民の権利主張は排斥せられて、義務のみが重んじられる時代さえ生ぜしめた。大戦の開始直前には、それが極限に達した。そうして、ついには、世界征服の暴挙をさえ、軍人と右傾政治家どもが、肩を張って叫ぶようになり、世界の人類にわざわいするにいたったのである。

かえり見て、明治時代に思いをいたすならば、明治時代こそは、人民のために、世界のために、礼賛しうべからざる時代であった。このことを明らかにし、ふたたび、かかる時代の生じないことを、念願せざるをえないのである。

8　維新以後の反民主性

「万機公論に決すべし」という誓文を抹殺した明治政府の反民主主義と、天皇権力の強化という事実は、ただ、たんに勅語のうえだけの事実ではない。それは何よりも、明治憲法によって、不動の態勢をかためたのである。そうして、それらのことはみな、薩長政治家によって、たくらまれたのであった。一八六八年三月の「五箇条の誓文」についで、さきに述べたように、同年四月の「政体書」には、「大に斯《こ》の国是を定め、制度紀律を建つるは、御誓文を以て目的とす。」と、その冒頭に記載され、その第一条には、「天下の権力総て之を太政官《だじょうかん》に帰す。」とかかげられた。これによってみても、明治政府もはじめは、天皇権力の万能主義ではなかったことが、明らかである。

ところが、公卿や薩長人らは、ひとたび、おのれの手に握った権力は、これを、おのれの手からけっして離さないことを決意し、国の権力が、人民の手に移ることを強く嫌らい、これを排斥した。したがって、薩長政府の政治は、専制となり、国をあげて不平の声が高まり、各地に反乱がおこって、言論による政府への反抗は、日とともに激しさを増していった。

さきに述べたとおり、明治七年一月、当時の有力者板垣退助《いたがきたいすけ》、後藤象二郎《ごとうしょうじろう》、江藤新平《えとうしんぺい》、副島《そえじま》種臣《たねおみ》、由利《ゆり》公正《こうせい》らは、民選議院設立の建白書を、左院に提出し、明治十三年四月には、東北の名土河野広中《こうのひろなか》、土佐の名士片岡健吉《かたおかけんきち》の二人は、国会開設許可の上願書を、全国八万七千余人の総代として、天皇に提出した。当時の人民の望むところが、デモクラシーにあったことを示している。しかるに、薩長政府は、この人民の切なる願いにたいして、専制主義を確保せんことをきめた。そうして、一八八二年（明治十五年）に伊藤博文がヨーロッパに派遣され、伊藤は主として、プロシァの学者グナイストについて、専制主義の憲法の教えをうけ、それが実行に移されて、ついに、天皇権力中心主義の明治憲法の発布となったのである。

グナイストが、何を伊藤博文に教えたか。それは、さきに第二章で述べたとおりであるが、「外交、制度、経済のことは、決して議院のくちばしを入れさせてはならぬ。欽定憲法でもって、人民に命令すべきである。大臣の権限を強くすべきである。兵権はすべて天皇の権利に帰すべきである。天皇の権利を強くするためには、官吏を、なるべく両院に入れておくのがよい。根本の権利は、十分に政府へ取っておくほうがよろしい。」というのである。グナイストの教えたところは、このような専制主義であった。

日本において、天皇の権力万能主義が確立したのは、プロシァ人の教えたところであって、日本の古代からの歴史に、基礎をおいたものではなかった。憲法の「告文」や「勅語」は、その点をゴマ化している。それらのなかには、あたかも天皇の権力は、国がはじまって以来あったもののように、宣言してあるけれども、それは、国民を欺瞞したものである。

伊藤のおこなった、この策謀によって、当時、人民の熱望しつつあった民主的立憲政治は、まったく排斥されてしまったのである。また、この策謀によって、まったく踏みにじられたのであった。このとき以後の日本は、日本の国史上、いまだかつてなかった「天皇権力万能主義」の国と、一変したのである。

伊藤を立憲政治の恩人のごとくに賛美した従来の歴史家は、伊藤への追従者であって、それは憲法なるものが、本来いかなる性質のものであるかを、知らない人の盲評であるといえる。

フランスの有名な「人権宣言」第十六条には、「権利の保障の確固ならず、かつ権力の分立の確立せられざる社会は、すべて、憲法を有するものにあらず。」と宣示してある。日本の明治憲法には、人権の保障も、三権分立も、正確には規定されていなかったのであって、名ばかりの憲法たるにすぎなかった。しかも、天皇にのみ、憲法改正の権利が認められており、その一事だけでも、専制主義そのものであった。その結果、軍人は、天皇を抱きこみ、無謀の大戦争をひきおこし、ついに醜態を世界にさらすことになったのである。

この天皇権力万能の明治憲法の弊害については、幣原喜重郎《しではらきじゅうろう》の『外交五十年』および福留繁《ふくとめしげる》の『海軍の反省』にも言明するところである。たとえば、つぎのようなことがそれである。

『外交五十年』のなかには、「軍の内部は、下剋上《げこくじょう》で、陸軍大臣も、海軍大臣も、ほとんど結束した青年将校を、抑えることはできなかった。これは『旧憲法が悪い』ので、軍の命令系統は、参謀総長もしくは、軍令部総長がにぎっていて、総理大臣といえども、それに関係することができない。」とある。

また『海軍の反省』のなかには、「当初、是《ぜ》なりと信じて、創設されたこの統帥権《とうすいけん》独立も、日露戦争を限界として、次第に、軍部の政治謀略に利用せられるにいたり、この制度の弊害の面が、露出せられるようになった。」とある。

日本は、ポツダム宣言を受諾して、降伏日本となった。ポツダム宣言は、日本にむかって、民主主義の国となるべきことを要求している。日本は、この宣言の受諾により、民主国となるべき世界への義務を負うたのである。ポツダム宣言の条項第十には、「日本政府は、日本人民の中に、民主主義傾向を復活させ、且つそれを強力にすることに背反する一切の障碍を除去すべきこと、言論、宗教、思想の自由、並びに基本的人権は確立さるべきこと」と明らかに示されてある。

日本国は、このポツダム宣言にもとづき、新憲法を制定することとなった。政府は改正委員に命じ、委員は、一案を作ったけれども、民主主義ではなく、依然として、君権主義のものであった。それは必然に、アメリカから排斥せられた。そうして、今日の新憲法案が、連合国軍総司令官マックアーサーから提示され、それが議会において長いあいだ論議され、ついに今日の日本国憲法となったのである。

私の見るところでは、新憲法にもいくつかの欠点がある。しかしながら、新憲法には、「主権が国民に存することを宣言し」と、その「前文」に明らかに示してある。天皇権力主義は、ここにまったく終末したのである。好いことである。

このようにして、日本民族は、その帰着すべきところに到着したのである。人間平等主義の存するところに、君権主義は、存在しえないのである。

五　天皇制の批判

1　昔の学者の自由な天皇論

林羅山《はやしらざん》の開化《かいか》天皇論

明治から後の歴史家とちがって、封建時代の学者は、天皇にかんして、自由な評論をくだしている。そのおもなものを、つぎにかかげて、今のひとの参考にしたい。

「開化天皇は、孝元天皇の子である。母は鬱色謎命《うつしこめのみこと》といった。ところが、孝元天皇は、その後伊香色謎命《いかがしこめのみこと》を後妻にめとった。そうして、こんどは彦太忍信命《ひこふとおしまことのみこと》を生んだ。それが武内宿禰の祖先である。孝元が亡くなると、開化が天皇の位についた。ところが、六年ののちに、開化は、父孝元の妻であって、自分の義母にあたる伊香色謎命をめとった。そうして、崇神天皇を生んだのである。私が考えるのに、だいたい、開化天皇が、自分の義理の母を妻としたのは、不義ではないか。君主というものは、人倫の模範であるべきものである。人の上となって、けだものにひとしい行いのあるものに、どうして国を治めることができようか。さいわいにして、開化はそれをまぬがれたのであろうか。

後世になって、近衛天皇は、右大臣藤原能之《よしゆき》の娘をめとって、皇后にした。近衛が死んだのち、彼女は近衛河原に住んでいた。そこで近衛河原太后とよばれていた。二条天皇（永暦帝）は、太后が美人であったので、彼女を宮中に迎え入れようと望んだ。群臣は、それをいさめた。そうして、『唐の高宗は、父親の後宮の武氏をめとった。それが有名な則天皇后である。この一事を除いては、いまだかつて、義母を皇后とした例がない。』といった。開化時代の人が、このことを開化天皇にいわなかったのは、天皇を恐れたからである。後白河上皇もまた、いさめたけれども、それをきき入れなかった。二条天皇は『天皇には父母というものはない。』といった。そうして、その叔母にあたる長上の太后を迎えて、皇后にしたのであった。

天皇の系図をしらべてみると、近衛天皇は、鳥羽天皇の子である。そうして、後白河天皇とは兄弟（異母弟）である。二条天皇は、後白河天皇の子である。したがって、近衛天皇は二条天皇の叔父にあたる人である。それであるから、太后と二条天皇との関係は、叔母であり、先々帝の皇后である。自ら進んで結婚するのは礼儀ではない。その結婚は、思うに淫放の結果であったろう。私は、開化と二条との二人のことをここに取りあげて、批判した。ああ、人倫はたえた。じつに悲しむべきことである。たしかに、伊香色謎命《いかがしこめ》の再婚と近衛皇后の二度目の結婚とは、いずれも乱脈のきわみであるけれども、二人の皇后の罪は、二人の天皇の不行跡にはおよばない。それであるから、二人の天皇をとくにとりたてて論じ、二人の皇后のことは略したのである。いずれも詩経や礼記の教えに反している。昔の聖人は、教訓を垂れること厳粛であった。」

林羅山の右の評は、じつに厳しいものである。こうした人倫無視の天皇や皇后が、日本にはいたのである。日本の人民が、皇室を、道徳の根源のように崇拝する理由がないことは、明らかである。人民の迷いである。あるいは無学の結果である。

新井白石の仁徳《にんとく》天皇論

新井白石は、『仁徳帝紀を読む』で、つぎのように論じている。

「私は、仁徳天皇のことを書いた『仁徳帝紀』を読んで、それによって、君主たるものが、財を集めることは、不仁のはなはだしいものであることを知った。仁徳天皇の不仁は、はなはだしいというべきである。それであるのに、天下の人は、仁徳天皇のことを、仁君であると言っている。なぜ、そういうのであろうか。それは他でもない。ただ、たんに人民にたいして、三年のあいだ、年貢と労役とを免除したというだけのことである。

それ、飢えたものは食べるものをえらばない、喉のかわいたものは、飲むものをえらばない。人民が虐政に苦しむのは、飢渇よりもはなはだしいものがある。仁徳天皇は、仁政をほどこし、人民はそのめぐみをこうむった。たしかに、それは昔も今もそれに及ぶものはない。仁徳天皇は、それを、みずからおこなったのである。世の人びとが、仁徳天皇を聖王というのは、もっともなことである。

シナの『詩経』という本に、『文王は、王自身もすぐれており、その夫人もすぐれていた。

夫婦そろって、その一家がよくととのったので、それが手本となって、兄弟におよび、その親類一族の人びとまでも感化を受けた。そうして、王の一家一族がお手本となって、国全体に感化を及ぼし、みなその家をよくおさめ、国はますますさかんになった。文王は、その親を親として尊び、それとおなじ気持で人民に仁徳をおこなったのである。』と、書いてある。私はひそかに、あやしむ。仁徳天皇のめぐみは、ほんとうに人民におよんだものか、そうして、その恩は、妻子兄弟におよんだものか。仁徳天皇は、いったい、どんな心で、仁徳をほどこしたのであろうか。

『帝紀』には、仁徳天皇が生前に、自分の墓陵をつくったことが書いてある。そうして、今日のこっている仁徳天皇の墓陵の規模は、その墳墓も、築山も、池も、広大な点において、今日の多くの天皇の墓陵の規格とおなじである。しかしながら、仁徳以前には、天皇の墓陵の制度は、まだそんなに広大のものではなかった。この一事から判断してみると、天皇は、位についたはじめのころには、自ら大いに倹約をされ、人民にめぐみをたれられた。しかしそれは、まさに、これを奪わんとするものは、まずこれを与えよ、という方策ではなかったか。

歴史の本にはまた、書いてある。『仁徳天皇の末年には、妖気が動いて、はじめて反逆者が出た。そこで、天皇は、人民の年貢を軽くし、民力を養った。』と。そのことは、また、天皇が、人民から、年貢を搾るという方策ではなかったか。しかしながら、天皇はまた、まもなく、その緩和策をもとに戻してしまった。そうして政令を整理した。天下はそれで安んじ、二十年におよんだ。ああ、仁徳天皇は、すぐれた君主と、いえる人であろうか。」

新井白石は、明治時代の人のように、無条件に、仁徳を賞めたたえなかった人である。仁徳が天皇の位についた当時は、人民は、はなはだ貧乏であった。それは、人民から、あまりに多く租税をしぼりとったためであったことは、識者のひとしく認めるところである。仁徳は、策略に富んだ人であった。自ら広大な陵墓を作っている。人民は搾取された。終始一貫して、人民から敬慕されていた人でなかったことは、白石の論じているとおりである。明治以来の歴史家は、白石とちがって、ただ天皇におもねり、天皇崇拝を説き、それを臣民の道と称して、人民を奴隷化することのみに、頭をつかっていた。卑劣である。

頼山陽の天皇制論

頼山陽の天皇制論は、『日本政記』の「孝徳天皇の章」に出ている。それによると、つぎのように書いてある。

「朝廷がたてられたのは、神武にはじまる。崇神、景行の時代になって、はじめて国の形ができはじめ、応神、仁徳の時代になって、かたまってきた。しかしそれ以後、徳はおとろえたのである。それればかりではない。雄略だの、武烈だのの残虐がおこなわれた。敏達、用明にいたって、権力は、臣下のほうに移った。そうして姦臣たちは国の権力を握った。もしも、天智が出なかったならば、天皇制はあるいはなくなってしまったかもしれない。天智は天皇一門のなかから奮起して、自ら逆臣を天皇の目の前で殺した。（中略）朝廷は、簡単な方式でもって、人民を治めた。（中略）隋と交通するようになってから、文化がはいってきて、国情が変わり、旧態を失った。（この論は、仏教のおこったのを非難しているのである。）天智の時代になって、すべての制度は立てられ、世のなかは安定した。」

山陽は、尊王主義の漢学者であったが、古代の天皇には、残虐の人があって、天皇の徳が欠けたことを公正に認めている。そうして雄略と武烈の酷悪性を、そのままに正直に認めている。そうして、天皇の権力は、天皇から離れさったことを、また率直に説いている。明治以後の歴史家にくらべれば、正論家であった。

山陽は、さらに、つぎのように論じている。

「神武以来、国に造《みやつこ》があり、県に首《かばね》があった。それらは、朝廷がえらんだ人であったが、ふるくからの人望によって、その職を代々うけついできたものも、すくなくなかった。天智の時代になって、そういう制度を変えて、郡県とし、国司をおくことにした。そうして、人物を厳選して、人をかえ、権力を朝廷の手におさめた。天皇は、六十六人の官吏をえらんで、人民を治めた。人民のために、官吏をおいたのであって、官吏に人民をしたがわせたのではない。しかし後年になって、国司の更送がおこなわれ、そうして大小の領地は、氏族の望みによって、分配された。そうして関東に武士の勢力が強くなるにおよんで、大名、小名という名目がつけられ、地方の豪族は、その部下をひきつれて、大名や小名となった。鎌倉幕府は、守護地頭《しゅごじとう》を設けたが、幕府の類族をそれに当てた。封建制度はそうしてできたのである。天智のつくった制度は、それによって、廃されたのである。」と。

天皇は、はじめから、絶対的の君主ではなかったことは、山陽のごとき尊王主義者も、それを否認しようがなかったのである。

斎藤竹堂の天智天皇論

やはり、徳川時代の漢学者、斎藤竹堂は、日本の古代からの制度を論じている。つぎにそれを述べて見る。

「封建の制度はふるい。それが郡県の制度となったのは、天智天皇からはじまる。ある者は、『シナの封建は、秦の時代になって変わった。』というが、そうではない。秦が変えたのではない。周代の末期に、諸侯がたがいに侵略しあったために、領土の奪いあいは、尽き果てたのである。秦はこれに乗じたのであった。時代の勢いは、郡県に変わらざるをえないときであった。天智天皇のときには、シナにおけるような弊害は見られなかったが、天智天皇は、理由もなしに人の土地を奪い、人民を奪った。それはどういうわけであったのか。

わが国の封建は、シナの封建とおなじではなかった。シナは全土が一色に封建制の国であった。しかし、わが国の封建制は、郡県制をかねていたのである。それゆえに、その封建制を一変したことは、国の全土を一変させたことではない。郡県でなかったところを変えたにすぎない。もとから郡県であったものは変えるに及ばなかったのである。その当時には、国造と、国司とがあった。国造は、神武の時代からあった。国司は、いつから、はじめられたかあきらかでない。聖徳太子の憲法には、それが、すでに書いてあるから、その由来は、ふるいものであると言える。国造は世襲であった。すなわち封建であった。しかし、国司は更代する。すなわち郡県であった。この二つのものは同時におこなわれていた。ただ国造のほうが数が多く、国司は少なかった。国造は世襲の威光をかりて、弱を兼ね小を併せた。土地の蚕食《さんしょく》は、日に日に、大いにおこなわれた。それが天智天皇以前の天下の形勢であった。

天智天皇は、孝徳天皇をたすけて、政治をおこない、いまだ曾ってなかった制度を定めた。すべての制度はようやく備った。天智の考えでは、国造は、古代からの習俗によって、その説くところは、あやしげな神がかりのものであり、怪奇であって、信じがたい説であった。国造は、しかも、それを固守して変えなかった。

そこで天皇は、国造が土地、人民をもつことを禁じた。そうして国司を多く置いた。国造も、天皇の命令をきいた。こうして封建は、ことごとく廃止された。しかしながら、出雲の国造は、みこのことばをおもんじて、その後までもつづいた。

それらのことを、あとから見れば、人の土地や人民を奪ったように見える。しかし、天智の私心からやられたことではなく、公的なものであった。秦のおこなったのは、私の心から出たのであった。変えざるを得ざるの勢いに出たことは同じであるが、秦とは同一に論じることはできないのである。」

右の説は歴史にてらして、正当である。

斎藤竹堂の弘文天皇論

斎藤竹堂には、なお、弘文天皇にかんして、つぎのような論評もある。

「のちに弘文天皇となった大友皇子は甥であり、のちに天武天皇となった大海人は叔父である。叔父の尊き身をもって、久しいあいだ、名望を天下につないでいた。その知謀と才略は、弘文よりはるかに優れていた。そのうえに、大伴吹負《おおともすお》、村国男依《むらくにおより》の大将連が味方していた。その甥の弘文天皇は、政を知る日が浅く、人心もまだ属していなかった。その股肱には、一人の老将もいなかった。それで天武と戦争をはじめたのであるから、弘文は不利であった。私は弘文のために考えるのに、弘文は、はじめに計画を立てておくべきであった。そうすれば、あるいは敵を制しえたであろう。弘文は、そのはじめ、太陽をささげた赤い着物をきた一人の老翁が、その太陽を弘文にささげようとしたところが、一人の人間が弘文の腋の下から出てきて、その太陽を奪いとって逃げさった夢を見た。弘文は、この夢からさめて、このことを鎌足に話した。そこで鎌足は言った。天智天皇が死んだのちには、かならず大きな悪者が出るでしょう。しかし、私が生きているあいだは、そのようなことはありません。私は聞いています。『天道は特別に親しむということはない、ただ善人のみが助けられる』と。それですから、あなたは自ら、徳を修められることにつとめられたならば、そんな災難を受ける心配はありません。

その悪者とは、天武天皇のこと以外にはなかった。鎌足には、それをふせぐ方策がなくてはならなかった。ところが、徳を修めよ、と言ったにすぎなかった。それは知恵がなかったのであろうか。そうではないであろう。鎌足が、その方策を述べなかったのは、むしろ、それが策略であったのである。

弘文の力は、天武とくらべたならば、劣っていた。天武にたいして勝ちうるものは、徳を修めることのみであった。弘文が鎌足に語ったときに、弘文は、まず天武をきらっていることが言語にいちじるしくあらわれた。鎌足は考えた。天武に逆心があってもまだ反逆の事実があらわれているわけでもないのに、弘文が天武をきらうのは、弘文に徳がたらないからである。それはかえって、天武の勢いを助けることであると考えた。そこで、右のようなことを申したのである。天武にたいして、叔父にたいする礼をつくし、その奉養をあつくしたならば、天武は恥じて、反逆することはできないことになるであろう。しかるに、弘文はそれを用いなかった。鎌足は、不幸にしてはやく死んだ。

天智が、天武を呼びよせたのを見て、蘇我安麻呂《そがのやすまろ》は、ひそかに天武につげて言った。天智の心の中には何事かひそんでいる、と。それによれば、安麻呂もまた、弘文が、天武をきらっていることを知っていたのである。

天武は、天智にむかって、僧侶となりたいと願った。天智は、それを許した。それを許したのは天智であったが、それは弘文の希望をいれたものであったことは必然であった。

そこで世の人はいった。それは虎に翼をつけて野に放つようなものである、と。虎を養うものは、大事に飼わなければならない。そうすれば、人間を害する心配はない。いま飢えた虎を野に放った。それでは、この虎は、かならず人を害する。しからば、天武には罪はなかったであろうか。いな、天武は虎であった。それであるから、虎は責めるわけにはゆかない。虎を養った人間を責むべきである。」

この論は、天武をもって、虎であり、人間でないと見るのである。また天智と弘文をもって、虎を養った人であるとなすのである。すなわち、三人の天皇を槍玉にあげていることばである。

むかしの学者は、明治以来の歴史家のように、権力にこびて学説をまげるというような、悪風にしみていなかった。むかしの学者の史論は、いずれも漢文で書かれている。今の人には理解が困難である。そうして、それらの漢文を見出すことも、また容易でない。私は、幼いときに、私の漢学の先生であった清田嘿《もく》先生から、先生のあらわされた『日本名家史論』(明治十三年出版)を得、今日もなお保存しており、それによって研究しているものである。山陽の文は『日本政記』によった。

2　外国人の観た天皇

米国軍人の天皇観

それでは、いったい外国人は、日本の天皇をどう観ているのであろうか。

ふるくは、アメリカのグリフィスの天皇観がある。彼は一八七〇年(明治三年)に来朝し、四年間日本に滞在して、帰国の後『ミカドの帝国』という本を書いた。彼の参考書は『日本外史』であり、日本的感情に共鳴して、ミカド礼賛をやっている。ついで、イギリスのチェンバレンの天皇制批判がある。彼は一八七三年(明治六年)に来朝し、三十年以上、日本に滞在して、帝国大学の教授をやっていた。彼は、西洋的な合理主義をもとにして、『新宗教の発明』と題する本を書いて、天皇制をきびしく批評した。彼は、そのなかで、「どこの国民も、日本人ほど有史以来こんにちまで、君主をすげなく取りあつかった国民はない。」といっている。ついで、ラフカディオ・ハーン、すなわち小泉八雲の天皇観がある。彼は、文学的な直感と国民の信仰の見地から、天皇を解釈しているが、その解釈は徹底を欠いている。またドイツのハウスホーファー、ソ連のサファロフ、アメリカのホルトムなど、その他いろいろの天皇観があるが、ここでは、くわしいことは略する。（以上は一九五二年六月号『思想』によったのである。）

それでは、比較的最近のアメリカ人の天皇観はどうであろうか。ここに、その代表的な二、三の天皇観を拾って紹介する。

一九四五年九月のリーダーズ・ダイジェストに、退役大佐ボナー・フェラーズの名をもってかかげられた「降伏のためにたたかった天皇裕仁」と題する論文が出ている。それには、つぎのように書いてある。

「日本で、天皇自身が降伏を決意せられ、ロシアの仲介を得ようと、最初、もくろまれたのは、じつに一九四五年二月十四日、マックアーサー元帥麾下のアメリカ軍が、マニラ入城の後、原子爆弾の第一弾が、日本に投下される約六ヵ月以前にさかのぼるのである。

天皇は、近衛公爵――三度首相の地位につき、比較的平和主義者であった――を宮中にまねいて懇談された。部屋の中を歩きながら、明らかに動揺のようすを見せた天皇は、敗戦は、もはや、さけられないと信ずるが、軍部は、なおあくまでも戦おうとしていると、あからさまに言った。連合国の無条件降伏の要求は、ただ日本の天皇の廃止を意味するのみではないか、ということが、そのとき論議された。近衛は、アメリカがたんに日本の皇室を打破するために、戦争をつづけるようなことは考えられない、と天皇に申し述べた。天皇も、この点は同意したが、軍があらゆる通信機関をおさえている以上、直接、アメリカに接近することは不可能だと言った。そうして特に、和平交渉のため、近衛が天皇をたすける意思があるかどうかとたずねた。近衛は、一も二もなく、協賛の意思を表明した。

するとき天皇は、時をうつさず、おどろくべき強さをもって、軍首脳部にたいして、強圧的な態度をとりだしたのである。」云々。

また同誌は、その論文の終りに、「天皇は、名目上、日本国の首班として、形式的にはもちろん、臣下の指導者たちとともに、戦争責任者である。」と書き、さらに、その末尾には、「彼らに降伏を強要した一カイライ君主の、このすばらしい業績の意義は、そのために、少しでも減殺されるものではない。」と書いてある。

アメリカ人は、天皇が戦争責任者であることを認めている。また、天皇が軍人のカイライであったことも認めている。アメリカ人は、日本の降伏に満足している。したがって、天皇が降伏を軍人にむかって強要したことを、「すばらしい業績」と賞めている。しかしながら、日本人として正論するならば、まえにも述べたように、天皇は宣戦の責任者である。その天皇が、敗戦を知りながら、それをながいあいだ放任し、いよいよこまりはて、そのうえで、軍人にむかって降伏を強要されたことは、統治権者として重大な過失であった、と評せざるをえない。憲法をもって、その絶対的権力が保障されている天皇が、軍人のカイライであったという事態が、すこぶる重大な問題である。

連合国軍総司令官マックアーサーは、「天皇は一人の貴重な公僕であり、新憲法に規定されたその任務を、みごとに遂行している。天皇こそは、すべての日本人にとって、りっぱな模範である。天皇が、今後ながく、りっぱな統治をつづけるなら、それは日本国民および連合国の最善の利益に役立つであろう。」と、U・P通信のヴォーン記者に語っている。（昭和二十三年九月十一日の「毎日新聞」記事。）

右のマックアーサーのことばは、天皇を「公僕だ」といったり、「統治権者と見たり」しているのであって、理論のととのわないことばである。軍人であるから、法理はよくは分からない人と、私には判断される。

「降伏後における米国の初期の対日方針《ポリシー》」（一九四五年五月十日）の「日本政府との関係」（b）の一節には、

「政策は、日本に現存する政体を使用するにある。それを支持するのではない。」

としるされてある。それによれば、日本の君権政治を支持するものでないことが、あきらかにされている。右のマックアーサーのことばとは、だいぶちがっている。

アメリカ人は、過去には、日本の天皇制なるものを、正しく理解していなかった。日本の降伏後、日本の政体を、いかにすべきかについて、そうとう迷っていたことが、右の事実によって判断される。その迷いは、日本歴史の無理解、半解、または誤解が、そのおもな原因であろうと思われる。

哲学者デューイの天皇制論

それでは、アメリカの文化人は、天皇にかんして、いかなる見解をもっているのであろうか。最近（一九五二年七月）『デューイ研究』（鶴見和子編）という本が刊行され、そのなかの「日本におけるデューイ」という論文に、先ごろ亡くなった、このアメリカの大哲学者の「天皇制論」が紹介せられている。それによると、デューイの天皇観は、大体、つぎのようなものである。（デューイは、第一次大戦直後の一九一九年二月に日本を訪れ、二ヵ月の滞在後、中国にわたり、ふたたび二一年、帰国の途中に、日本に立ちよった。その結果、書かれた意見である。）――

デューイは、天皇崇拝の国家宗教は、明治政府が意識的につくったものであって、これが、日本の自由主義のいちばん大きなじゃまになっている、とはっきり言っている。日本の社会には、ごく最近までつづいた封建制の時代のあいだ、あらゆる面に、孤立と反目とがあった。日本は、徳川幕府のおこなった藩をもって藩を制するという巧妙な政策によって、どうにか統一を保ってきたのである。ところが、王政復古と開国の結果、日本は、もっと精神的な国内の結合が必要になった。そこで、神権主義が復活されて、中央集権化のために、天皇が利用されたのである。（この米人は、日本の徳川幕府の封建制度をよく知っていない。）

明治の元老が、どんなに天皇崇拝を普及させるために、熱心であったかについて、デューイは、つぎのようなエピソードを語っている。伊藤博文がドイツの帰路、ロンドンに立ち寄り、イギリスの哲人スペンサーと会見した。伊藤は、スペンサーにむかって、憲法・教育制度・経済機構などについて、日本が欧米から学ぶべき資料は万端ととのったが、ただ一つ足りないものがある。それは宗教である。この点について、ぜひ、スペンサー先生の教えを乞いたいと、言った。ところが、スペンサーは、日本には天皇制という宗教があるではないか、なにも外国から輸入するにはあたらない、と逆襲したという話である。（グナイストは、日本には仏教がある。それを国教とすべしと、伊藤に説いている。）

一八八〇年代（明治十年代）の後期に、日本を現在の軌道にのせた重臣たちが、皇統に、神秘主義の後光《ごこう》と特権とを、意識的に、情緒ゆたかにあたえたことは、疑う余地がない。日本の天皇崇拝は、十六、七世紀のヨーロッパの神権君主論よりも、ずっと絶対主義的なものであって、しいて歴史のうえに原型をもとめようとするならば、ローマ皇帝まで、さかのぼらなければならない。

そうして、デューイは、制度としての天皇制よりも、日本人の天皇崇拝の思想と感情に、とくに注目している。日本人は、なぜ、自分の意見を活発に討論しないのか、なぜ、自由な世論が日本では育たないのか。それは、もちろん、言論を取締るきびしい法律が、その一つの原因である。しかし、それとともに、もっと強いはたらきをしているものは、人びとの心のなかにしみこんでいる天皇制である。それは、ひとりびとりの個人が、ものごとを合理的に判断することを、自らおさえてしまう役割を演じている。そうしてそれは、明治政府以来、国家が、教育制度をとおして、組織的に、人民のあいだにうえつけてきたものである。

初等教育、とくに、歴史と「修身」の教育の研究をしてみて、はじめて、外国人がなっとくすることは、天皇崇拝が、いかに組織的に、そうして完全に、すべての生徒の精神機能の一部となっているかということである。かつて、西洋諸国において、大人になるにつれて、少年時代の神学の教義をすてた、ごく少数の者があったが、日本で天皇崇拝をすてる者は、ちょうど、そうした少数の者にもたとえられる。しかし、教義はすてたあとでも、感情的なほとぼりはのこる。このようなほとぼりは、愛国主義と国家主義の感情を、同時にすてるのでなければ、払いきれない。それほどまでに、宗教的感情と皇室にたいする感情とは、とけあっているのである。

さらにデューイは、天皇の「神話」を分析し、それがいかに不合理なものであるかを、例をあげて論じている。そうして、そういう神話にたいして、歴史的な、科学的な批判をすることが、権力をもって、厳重に禁じられている事実を指摘している。天皇崇拝が、日本人の非合理主義の根であり、日本に自由主義が根をおろすためには、ぜひとも、天皇にたいする科学的批判が活発になされなければならない、と説いている。「インテリ層が、投獄や死刑をもかえりみず、天皇崇拝の神話にたいする真理を公表するときがきたら、これこそ、日本にデモクラシーが近づいてきたことの、もっともたしかな証拠であろう。」また、「天皇制は、もっとも狡猾《こうかつ》で、影響力の強い反動主義である。これにたいして、日本の自由主義は、たたかわなければならない。」とむすんでいる。

デューイは、もとより、共産主義者ではない。彼は、穏健な自由主義が日本で発展するようにと望むこと、もっとも切なるひとりの外国人である。そうした立場から、デューイは、天皇制のイデオロギーと真の民主主義とが、両立するものでないことを、はっきりと言ったのである。彼は、合理主義の立場から、日本人の、ひとりびとりの意識の底にひそんでいる天皇制に、科学的な判断の光をあててみることを、勧告したのである。――

以上が、同書に紹介されているデューイの天皇観の大略である。まことに、きくべき言である。日本人の迷信をさますのに役立つものとして、私は、これに共鳴する。私の説と符合する点が少なくないことを、日本の民主化のためによろこぶ。

米国文化人の天皇論

つぎに、もう一つ、最近のアメリカの文化人の天皇観について、一つの有力な意見を、つぎに取りあげて見ることにする。

戦時中、一九四五年に、アメリカのアンドリュー・ロス Andrew Roth が書いた『日本のディレンマ』(Dilemma in Japan, 1945.)という書物は、ある程度、日本の歴史を調査していることが、示されていて、これも日本人の迷信をさますのに、役立つものと思われる。

そこで、同書の第五章から、その一部を抜き書きしてみる。その章は、「現在の日本の天皇と交渉ができるであろうか。」というのである。

「日本の天皇は、はたして、東洋のあやつり人形であろうか。彼は、はたして従来、ただ、たんに軍閥にあやつられておった人であろうか。また将来は、安全に国際連合のあやつるところとなるであろうか。

あるいはまた、軍閥のこうむらせた禍いの一部をなす人であろうか。もしも、それであるならば、彼もまた東条らとともに、戦争犯罪者として取りあつかわれ、裁判にかけられて、のちに追放を解除さるべきものであろうか。

それともまた、当分、そのままにしておいて、日本人の天皇崇拝熱がさめるのを、待つべきであろうか。

右のことは、日本にかんするその他のどのような問題よりも、解決の困難な問題である。現代では、英米の高級官吏は、その態度を明らかにすることができないようである。天皇を保存しようという人の多くは、左の三つの理由のうちの一、二あるいは全部を支持している。

㈠ 日本人は、みな天皇を宗教的、国粋的に考えている。したがって、天皇を廃すれば、アメリカ人は、日本人一般から嫌われることになり、同時に、軍人らがふたたび擡頭する理由を与える。

㈡ 天皇という機関は、軍事占領中、ひじょうに有益のものとなるであろう。

㈢ 天皇を保存したままで、議会、内閣をつくることが、可能かもしれない。

この考えは、英米の外務省内で、ひろく支持されている。多くの高官らは、天皇の承認なしでは、日本占領の事業は、ひじょうに困難であろうと思っている。ある人は、その場合には、社会秩序がみだれ、暴動や暗殺が、さかんにおこなわれて、占領軍の安全保持が、困難であることを恐れている。ある人は、日本の官僚は、占領軍と協力することを拒絶し、したがって占領軍側が直接に、政務にあたらなければならないことを心配している。しかも、日本語のわかる人は、きわめて少ない。

このような難問題に当面している高官らには、天皇を利用するということは、じつに魅力のある考えである。しかし、この論には一つの大きな欠点がある。それは、天皇にかんする事項の、ただ一つにのみ注意していることである。したがって、問題を全般的にとりあげてみた場合にくらべると、大変な相異がある。

天皇崇拝制度の継続という問題は、現在のような変動しつつある日本人の意見とか、占領を短期間にしたいという希望とか、連合国側の日本社会の変化にたいする偏見とかいうような、一時的な見地から、せまく評価すべきものではなく、第一の目的、すなわち太平洋の平和の保持という大きな見地から見るべき問題である。さもなければ、占領は短期で成功裡に終るかもしれないけれども、二十年の後には、ふたたび、長期の残虐な戦禍を見ることになるかも分からない。

日本の天皇制というものは、近代において、もっとも巧妙につくられた対内制圧、対外侵略の機関である。この機関は、過去、百年のうちに、日本の支配階級が、意識的に、計画的に、作りあげたものであって、その目的は、国内の民主主義の発展と、社会改革をふせぎ、国内の全勢力を、海外侵略にそそごうとするものである。

アメリカのペルリが、一八五三年に、日本に渡来した時には、天皇は、ほとんど完全に、無力のものであって、人民は、天皇のことを、ほとんど考えにいれていなかった。天皇は事実上、幽閉されていたようなものであって、その行動や行事は、将軍が厳重に監督していた。武力万能の封建時代において、皇室には武力がなく、武家の思うままになっていた。

天皇のなかには、将軍の一存で暗殺されたり、追放されたものがある。引退させられたものもある。亡命した天皇もあり、亡命中に殺された天皇もある。ある天皇は、島流しにされ、船につんだ魚類の下にかくれて逃げたこともある。また天皇のなかには、その生活をたてるために、書を売った人もある。後土御門《ごっちみかど》天皇は費用の不足のために、その死後四十日も埋葬されなかったということである。（この外人は、日本人の教えを受けて、この歴史を書いたのであろうが、正確さは欠けている。ただ天皇崇拝は、昔からの史実ではないということだけが、この人に分かっている。）

十四世紀においては、五十七年のあいだ、南北二朝の対立があった。しかも後世には、不正の系統と判定せられた北朝のほうが勝った。それが、こんにち、正統とされている。

この期間、権力は将軍にあった。将軍が、天皇にならなかった理由が、二つある。理論的にいうと、征夷大将軍というのは、天皇から授けられた職であったから、将軍は、天皇を、自分の権力の象徴として保存していた。もう一つは、日本には、大昔から少数の歴史家および僧侶のとなえてきた感傷的な伝統があって、皇位は、神代から、万世一系のものであるといってきた。将軍の反対にもかかわらず、これらの人びとは、『大日本史』のような書物を、ひそかに分配して、この伝統をつづけてきたのである。

皇位は、結局、ペルリが東京湾に入港したときに、すでにおこりつつあった大異変によって、救われることになったのである。ペルリやその後にきた外国人の来訪によって、この一大異変は、いっそう重大化されたのである。

その以前の数十年のあいだに、日本では農民の窮状が、ついに爆発して、大暴動があった。（これは近来流行の社会主義式史論家の誇張した史論を、そのままに信じて書いている。）

大阪や京都の大商人らは、貿易の制限と、将軍に貸すことを強いられた金が、返済されなかったことに不満を感じており、同時に、薩・長・土・肥の外様《とざま》大名は、ひそかに将軍を攻撃する計画をたてていたのである。（これも不正確な史実を、そのままに書いている。）

将軍にたいして、開国をせまっていた諸外国は、これらの反幕分子に、絶好の機会をあたえた。そこで彼らは、尊王攘夷をとなえて、幕府を倒し、天皇をたてなければ、日本は外国人にふみにじられるであろうと、人民にたいして宣伝したのである。尊王は反幕府スローガンとして有効であった。幕府は、権力を天皇から奪いとっていたからである。（これも事実と法理とを知らない史実のことばを、そのままに信じて書いている。）

反幕府側のいろいろの分子は、天皇を支持することには、少しも危険がないことを知っていた。それは、天皇は、ただ、たんにしるしであって、なんらの実力がなかったからである。（この説は、尊王と一致しない。またそんな考え方は、大名らにあったことがない。）

かくして、ついに将軍は、内乱と外圧とにたえきれず、権力を還したのである。（ちがう。）この一八六八年の革命の名称が、当時十七歳であった天皇の名をとって、「明治維新」といわれ、実際の原因であり、功労者である農民や、外様大名や、阪京の大商家の名は、どこにも見あたらないということは、その後の日本における天皇の地位を、如実に物語るものである、云々。（この論も、はなはだおかしなものであるが、たれか日本人から教えられたものであろう。）」

日本の歴史は、外国人には、研究の方法がないのであろう。それのみではない。明治以来の日本の歴史は、権力におもねる卑怯な歴史家が多いために、筆をまげて書かれているのが通例である。あるいはまた、最近には研究もせずに、社会主義的に推論して、時代と合わない、いいかげんのことを、書いているのもある。それであるから、外国人は、日本の正しい歴史を知る方法がないのである。

右に述べたロス氏の日本歴史論は、「日本人の天皇崇拝は、古代からの伝統ではないのであって、この百年以来、明治政府の要人らが、計画的に、巧妙に、作りあげた事態である。」と、指摘しているところに、正しい着眼がある。百年ではなくして、一八九〇年（明治二十三年）の教育勅語発布以来といったほうが、いっそう正確であるけれども、ロス氏は、一八五三年（嘉永以来）からかぞえて、百年以来といっているのであろう。とにかくロス氏は、一般の日本人が、昔から日本人は天皇崇拝者であった、と迷信しているのにたいして、彼の判断には、科学的なところがある。それであるから、とくに私は、同氏の議論を、日本人の参考とするために、ここに掲げたのである。

昭和二年に、私が、『維新前後の政争と小栗上野の死』をあらわして、朝廷側要人らの陰謀や、悪策を遠慮しながらあばいたのにたいして、大正末期に文部大臣をやったことのある岡田良平は、「過去において、すでに朝廷本位に議論が決定していることは、あばかないほうがいい。」と、私に書面をもって告げられたのであった。卑怯な人であった。私は、同氏のような考え方にたいして、学生時代から反対していた自由人である。

日本の明治憲法を、国費をつかって、英訳した官製本がある。伊藤博文《いとうひろふみ》や伊藤巳代治《いとうみよじ》のつくったものである。金子堅太郎は、伊藤の命により、それを欧米にもって行って、各国の学者や政治家に提示したものであるが、その中には、「天皇の祖先は、日本に、来た。（come）」と、ただ書いてある。拙著『日本憲法とグナイスト談話』一六二ページにも、そのことを書いておいた。「天から、降りてきた。」（come down）とは書いてはない。すなわち「天孫降臨」の歴史を、ひそかに改正して、書いたのである。すべての虚偽を、外国に示すときには、このようなふうに、改正しなければ通用しないのである。外国人に示す目的をもって、日本の憲法を論ずる場合に、「人間が天から降ってきた」などとは書きえない。憲法は小説ではないのである。

日本人は、外国人を欺くことは、避けなければならないと、伊藤博文らは、その点に考慮をはらったのであろう。しかしながら、人間を欺いてはならないことは、外国人と同様、日本人にたいしても、同じでなくてはならない。ところが、これ以外のことでは、伊藤は、大いに日本人を欺いている。伊藤は、「幕府は天皇の権力をぬすんだ。」と、文書でも公けに論じている。それは、うそであって、もともと、天皇には、権力はなかったのである。この伊藤のとなえたうそが、外国人に影響をあたえているところは、すくなくない。外国人に、日本の真実を知らしめることは、日本のために必要である。それは学者の任務である。私は、これまでそれに努めている。

アメリカのロスは、さきの著書のなかに、つぎのように論じている。

「真の日本の歴史は、天皇の万世一系を証明しなかった。一九二〇年（大正九年）時代においては、日本の学者の多くは、日本の建国は、西暦紀元前四〇年であるとの説をもっていた。事実上、紀元後五〇〇年より以前には、日本には歴史はなかった。また、この時代以後の日本の歴史の記録するところによれば、皇位は、一系とは似てもつかぬものであった。しかしながら、こうした事実は改修せられ、皇位にたいしての不敬な書物は禁止せられた。そうして神秘的な歴史が、これにかえられたのであった。かくして現われた歴史書は、歴史捏造《ねつぞう》の書物としては、おどろくべき巧妙なものであった。日本の建国を、紀元前六六〇年に引きのばすために、ある天皇の在位は、百年以上につくられている。」云々。

このロスの論述は、そうとうに研究されたものである。私は大正十四年ごろに、岡田文部大臣の室で、日本の虚偽の歴史を改めないならば、外国人から、遠からずそれが、あばかれるであろうと、大臣に注意したのであったが、その予言は的中したのである。

六　天皇の将来

1　天皇制の考え方

大戦争に先だち「天皇機関説」に反対して「天皇即国家説」が、日本に、一時は大いに叫ばれた。帝国議会において、政友会の総裁および有力な代議士は、昂然として、「天皇即国家説」を述べた。軍部におもねる下心のように、私には見えた。学理や信念にもとづいて、それを口にしているものとは、何分にも、私には思われなかった。しかしながら、一時は、天皇即国家説のほうが、迷える人民の多数から、受けいれられたように見えた。

天皇機関説は、長いあいだ、学者によってとなえられた。そうして、一般には、それがあたりまえの説として通ってきたのであったが、にわかにそれが、非国民の論議のように軍人などから攻撃せられ、一般からも、それがのろわれるような奇怪な事態となった。定見のない日本人のみにくい情況が、そこに浮かびあがったのである。機関説の排撃者は、「機関」すなわち外国語のオーガン（organ）と「機械」すなわちマシン（machine）との差別が分からないところから、無益な論争をしていたのであった。「機関」とは、学問上では「有機体、すなわち組織ある存在物の部分」を指していうのである。それであるから、旧日本憲法には、「天皇は国の元首である」と定めてある。その「元首」は、すなわち「国という有機体の一部分」であって、理論上、明らかに国の機関である。それゆえに機関説は、けっして誤りではないのである。（旧拙著『日本憲法とグナイスト談話』一六一―一六四ページに、そのことは書いてある。）

「天皇」と「日本国」とは、同一のものではない。それは、日本の歴史が、またこれを証明している。さきにも述べたように、神武が死んでのち、ただちに第二代の天皇ができてはいない。そこに、三年の空位があった。しかし、日本の国は存在していたのである。天皇即国家説は、その空位を、証明することが困難である。

その後にも、日本には、空位はたびたびあった。さらにまた、天皇が日本に二人、同時に生じた時代がある。すなわち、南北の二朝に分かれた時代が、五十年にもおよんだのであった。しかしながら、国は二つに分かれたのではなかった。日本国は、一つあったのみである。天皇即国家説は、このような日本の歴史を説明しえないのである。私は、つねにこの事実を指摘して「天皇即国家説」を、理由なきものと主張していたのである。

二・二六事件のさいに、渡辺錠太郎《わたなべじょうたろう》大将は、青年軍人らによって、その住居をおそわれて銃殺されたが、その理由は、同大将が、天皇機関説を不当の説でないと、となえたからであった。私は同大将に一文を送って、天皇機関説が理論上、正しいものであることをくわしく述べたのであったが、同大将は、この私の主張に共鳴し、「あたかも天日を拝するがごとし。」との言句をもちいて、私に感謝したのであった。その書面は、私の家に、今もなお保存してある。その死に先だつこと、わずかに数日の日づけが書いてある。

犬養氏《いぬがい》にも、私は一書を送って、美濃部《みのべ》氏を勅選議員にしたときに、荒木大将は、内閣員としてそれに賛成した人であったにかかわらず、荒木氏らは、美濃部氏の学説を非難しているのは、軍人として大臣として、無責任であることを責めたのであった。それにたいして、犬養氏は返書を送ってきたが、その返書は、同氏が殺害せられるまえ、十数日の日づけであった。二書ともに記念として保存している。

天皇は国家であると主張した軍人や、右傾の徒は国のこうむるべき制裁や、国の支払うべき損害賠償は、すなわち天皇のこうむるべき制裁となり、賠償となるべきはずであることに、気がつかなかったのである。彼ら天皇崇拝論者は、この理論を、今日において、どう受けとるであろうか。彼らは、天皇を崇拝して、そのために、天皇に禍いをこうむらしめ、損害をこうむらしめることとなるのである。私は、この理を当時、陸軍大臣林銑十郎《はやしせんじゅうろう》に書面をもって申しいれ、彼の注意をうながしたことがある。

「天皇」は、すなわち「日本国」ではない。歴史上また憲法上、別の存在であるのだ。天皇という名まえは、日本人の発明ではない。古代のシナ国には、「太古天皇氏《てんのうし》」という存在があったと、昔の歴史の本には書いてある。それによれば、「不徳をもって王たり、無為にして化す、兄弟十二人、おのおの一万八千歳。」と、奇怪なことが書いてある。また地皇氏《ちこうし》というものも、人皇氏《じんこうし》というものもあった。有巣氏《ゆうそうし》というものも、燧人氏《すいじんし》というものもあった。日本の歴史は、このまねをしたものにちがいない。

天皇は、はじめから、封建制の上におかれた人であった。「絶対の君主」ではなかった。今日の日本人は、天皇を絶対君主であったと説くのを、当りまえと思っているけれども、昔の人のあいだには、こうしたまちがった説はなかった。昔の人のほうが研究が上であった。

天皇は、はじめから一貫して、全日本人民の統治者ではなかった。これも、さきに述べたように、史実のうえからいって、明らかである。

天皇という名は、一貫してもちいられた名称ではなかった。ふるい歴史の本には、まず冷泉院《れいぜいいん》という文字がつかわれ、それから以後には、ことごとく「院」と書いてあって、天皇の文字はつかわれていない。（倭節用集《やまとせつようしゅう》、京師俟野通尚纂補）万人がそれを認めていた。天皇の名称は、「禁裡《きんり》」、「内裏《だいり》」、「御門《みかど》」などとも、いわれている。それは「主権者ではないこと」を、はっきり示した文字である。

また、昔から、天皇は、主権者ではなかったということは、「摂政《せっしょう》」とか、「関白《かんぱく》」とか「左右《さう》大臣《だいじん》」とかいう名称が、空名としてながく継続していたのと同じ歴史を、天皇制はもっていたのである。天皇の名がながく続いたのは、天皇には、なんらの力がなく、なんらの政治的価値がなかったこと、したがって、あっても害のないものであったがためである、と見ることが適当であろう。

古代から、日本の主権は、「国造」とか、あるいは「大将軍」という名の人、あるいは無官の人（たとえば平清盛）、あるいは「摂政」という名の人、あるいは「執権《しっけん》」という名の人、あるいは「関白《かんぱく》」という名の人たちによって、握られてきた。それが、日本の長いあいだの慣例であり、不文《ふぶん》の法《ほう》であった。また「公方《くぼう》」という名をもって、主権が行使され、「大君《たいくん》」という名目をもって、対外主権が行使されていた。

国の主権は、「皇帝」だの、「キング」king だの、「カイゼル」kaiser だの、「ツァー」zar だの、「パシャ」pacha だの、「ロア」roi だのと、各国おのおのちがった名で、つかわれていたけれども、どこの国でも、その名をつけるのは自由であった。

主権とは力である。主権の行使者とは、権力のある人のことである。君主とは、主権の行使者のことである。なんらの権力のない人は、その人に、どんな名がついていたところで、それは君主ではない。これは法律上の見解である。

日本の歴史を、よく研究もせずに、「天皇は国家である」と、となえた人びとは、害毒を日本に流し、天皇にも、人民にも、禍いをこうむらしめたのである。これらの人びとは、天皇と国家とを同一体とみなして、人民の心と身とを、法律や、命令や、詔勅をもって、制縛した。旧憲法においては、人民の人格は、そのために、まったく無視された。八千万人は、さながら奴隷にひとしいものにされていたのである。

こういうまちがった説は、今日でもまだまだ、保守主義の人びとの頭を左右している。それらの人びとは、天皇は「国の象徴である」という新しい憲法の文句をとらえて、その象徴の文字を、文学者のいうシンボリズムと同じようにとりあつかい、それを「天皇即国家説」と同一のもののようにかってに解釈し、それを人民のあいだに宣伝し、ふたたび日本人民を、奴隷のような人民たらしめようとするのである。おそるべき不明である。人民は警戒しなければならない。今日の新しい憲法においては、人民に主権がある。そうして人民が、天皇の地位を定めているのである。（憲法第一条）人民のほうが主であって天皇のほうが客である。あるいは全人民がすなわち国であるのである。「人民 people すなわち国 state」である。

しかし、これに反して、「天孫降臨などは、人民欺瞞である。」と、もしも日本人民が、心から、まだ信じているならば、天皇は、「天皇は神の子孫である。」と、もしも日本人民が、公然と、神として崇拝されるのは、当然である。となえるようになったならば、天皇を神の子孫と見ることは、日本全人民の頭から、消えさるのは、必然である。

くりかえして言うように、日本の歴史によれば、天皇崇拝は、むかしからあった事実ではない。今後は、小学校、中学校、高等学校などにおいて、古代からのありのままの日本の歴史を、そのままに教えることを怠ってはならない。明治以後におこなわれた皇室中心の歴史は、もはや一掃すべきときなのである。歴史上の事実が、皇室には、たとえ害になったところで、それを削除しては、文明の教育とはならない。明治時代には、自称勤皇家、たとえば、江木千之《えぎせんし》のごときは、和気清麿《わけのきよまろ》の事績をもって、皇室のために大きな恥辱であるといって、それを削除することを、公然、官吏らにむかってとなえたほどであった。

昭和時代には、近衛内閣は、「万機公論に決すべし」という誓文は、「人民の輿論を尊重するという意味のものではない。」と、内閣情報局発行のパンフレットに書かせた。このことは、日本の歴史を、ほしいままに、変更しようとした、はなはだしい悪政であった。昭和の政府は明治の政府におとらず、非文明な政府であった。天皇の権力万能主義をおし通すことに、全力をそそいだ専制主義の政府であった。政府は人民を奴隷として、日本民族を危地に追いこんだのである。人民もまた、卑怯であった。

しかし、今日の日本では、「神代」はすでに否認された。天皇は「人間であり、人間とともにあること」に、天皇自身によって定められた。そうして人間は、「法律のまえに平等であること」が、憲法をもって保障された。一七〇〇年代に、フランスの哲学者ヴォルテールがとなえた、「人は出生によって区別されない」という思想は、今日では、日本の憲法にも、明らかにされているのである。

日本人が、真に人間平等の道理をさとったならば、おなじく人間である名門の人びとが、とくに崇拝されなければならないという旧思想は、当然に、消えてなくなるはずである。しかしながら、人民には、まだその自覚が十分にできていない。政府や保守政党の人には、旧制をあこがれる人がすくなくない。それを改めることは、緊急を要する。

しかしながら、民主政治を呪う旧式の保守人には、この事業は、まかせらるべきものではない。憲法と国際法と、および世界の大勢とを理解する真剣な新人によってのみ、その事業はおこなわれうるのである。

旧憲法時代には、旧憲法を守ることが、人民の義務であった。新憲法の時代には、新憲法をまもることが、人民の義務である。この理に反して、ほしいままに行動するものは、それこそ破壊行為者である。

2　世界への四つの約束

今日の日本の民主制は、第一に、「ポツダム宣言の受諾」によって、生じたことである。天皇と天皇の政府とが、旧憲法にもとづき、外国と交渉し、ポツダム宣言の全箇条を、承諾したのである。日本国は、もはやそれを、ほしいままに破ることはできないのである。

第二に、日本は、新憲法を合法的に制定した。アメリカ人の作成した原案にしたがって、旧憲法の条規により、五十余日の討議をかさねて、案は議決された。それを憲法にもとづいて、天皇が公布した。そうして新日本憲法は、成立したのである。それであるから、日本人は、自由かってに、この憲法を破ることはできないのである。

第三に、サンフランシスコの平和会議において、日本の全権は、世界各国の代表者のまえで、日本の民主化を演説し、それを確実に守ることを誓ったのである。たとえば吉田全権は、「今日の日本は、もはやきのうの日本ではないのであります。新しい国民として、平和、デモクラシー、自由に貢献すべしとの、各位の期待を、決して、ゆるがせにしない覚悟であります。」と演説した一節が、それである。

第四に、日本は、対米平和条約の第一条第二項をもって、つぎのことを約束している。

「連合国は、日本および日本の領水の上に、日本人民の、十分の主権を、承認する。」

右の箇条が、すなわち世界にたいする約束である。日本の人民が日本の主権者であることを、列国は条約をもって、承認しているのである。日本は、この条約を、一方の意思をもって、自分かってに動かすことは、できないのである。

以上のような重大な事実がある。日本人としては、それを知り、それを守る義務がある。それであるから、今日において、旧時代のように、「天皇の主権を認むべし。」とか、「日本の元首に戻すべし。」とか、説く人があるとすれば、それは、日本が世界にたいしておこなった「日本国の約束」をひっくり返せと、となえる人となるのである。それは、不法な、かつ野蛮な主張である。全日本人をあげて、かかる人を排斥すべきである。

天皇制の復帰を口にする人があるとすれば、それはまったく、このような重大な国際事実を知らないところから、生じる大きな過失であろう。日本人は一般に、条約の研究をなす熱意をもっていない。それは危険である。

条約は、反古紙《ほご》ではない。条約にかんして、もしも一方の意思をもって、それを破るということになれば、列国は、強くこれに反対し、けっして、それを許さないのである。それにたいして日本人が、あえて、その条約破棄の行動をおこなうならば、それは、当然に世界の戦争を誘発する。日本人は、かかる戦争によって、日本の存在を、まったく、ほろぼすにいたることを、反省すべきである。

条約は生きたものである。もちろん改訂のできるものである。改訂を望むものは、改訂の方法を研究し、これにむかって努力すべきである。それが、文明の方法である。

条約は、自動的に無効となることも、またありうる。もし必要があるならば、それの無効となる方法を、日本人は、学理にもとづいて、研究すべきである。

日本人は、文明人として、名誉をたもちつつ、世界とともに平和をもとめ、健全な生活をたのしむべきである。ただ旧思想にふけり、旧制度にあこがれ、天皇に奉仕して、はじめて人間として生きうるがごとき観念をいだくことは、奴隷日本の旧態を守ろうとねがう人である。今は、それは、国に有害である。

3　皇位継承の問題

天皇の地位は、主権の存する日本国民の意思にもとづいて存在する。（憲法第一条）

天皇の地位は、神から授けられたのではない。「神勅」というものは、すでに、日本国民の認めていないところである。

天皇の地位は、天皇の祖先の権利をうけついだものではない。人民の意思にもとづいて、存在するものである。人民の意思は、永遠不変であるはずはない。法律は、すべて人民の意思であるけれども、その法律は、永遠のものではない。法律は時代の必要によって、改廃せられる。憲法もおなじく法律である。その改訂は、憲法をもって予定されている。（憲法第九十六条「この憲法の改正は、各議院の総議員の三分の二以上の賛成で、国会が、これを発議し、国民に提案して、その承認を経なければならない。この承認には、特別の国民投票又は国会の定める選挙の際行はれる投票において、その過半数を必要とする。憲法改正について前項の承認を経たときは、天皇は国民の名で、この憲法と一体を成すもの（as an integral part of this constitution）として、直ちにこれを公布する。」）

それであるから、天皇の地位は、憲法上、永遠不動のものではない。新憲法によれば、「万世一系の天皇」という規定はないと同時に、そういう観念もまた、日本人民にはないのである。

皇室典範をみると、その第九条には、「皇族は養子をすることができない。」と定めてある。男系がたえたときは、皇族は消滅するのである、人間は、つねに男の子孫を生むものとはかぎらない。したがって、皇族の失われることは、同法律が予定しているのである。

天皇は皇族ではない。皇族とは、皇室典範の定めるところによれば、天皇以外の人のことである。天皇は、養子をなしうるであろうか。

皇室典範によれば、皇位は、「男子の皇族にのみ」伝えられる。（第一条）そうして、その順位は定められている。（第二条）それであるから、天皇は、養子というものは、許されないものと解釈すべきである。

皇位をうけつぐ順位は、典範に定めてある。ながく伝えられうるように、定めてはある。しかしながら、皇族の数は、皇族が、天皇の直系卑属（子、孫、など）の人だけに限られているところから、その数が無限であるはずがない。その数が減少してゆくことは、予想しうる。この予想は、なんぴとにも当然に生ずる。それであるから、時としては、皇位の継承者が、たえることがありうる。その場合には、皇室典範を改正することもまた法理としては可能である。ただし国会の決議が必要である。

現在の皇室典範によれば、天皇は、満十八年をもって成年に達したものと、定められてある。しかしこの規定は、日本の歴史によって定められたものではない。

明治以前には、天皇の成年期については、成文法も、習慣法もなかった。天皇の即位の法則もなかった。長子相続という法則もなかった。養子相続の慣例はあった。女子の天皇もあった。男系のみが天皇となるという慣習はなかった。それであるから、「万世一系」という文句も、昔は見られなかった。その「一系」という文字も、明確のものとはいえないところがある。

また、現在の皇室典範によれば、天皇が成年に達しないときには、摂政をおくことに定められている。この規定も、日本の歴史によったものではない。昔から、どういう場合に摂政をおくかということは、定められていなかった。天皇以外に、摂政という一人の絶対権力者がおかれたのであった。神功皇后の摂政が、それであった。厩戸王子の摂政も、それであった。藤原氏の世襲の摂政も、それであった。すなわち、天皇とは、かならずしも権力者でなかったことを、歴史は証明している。

歴史によれば、かぞえ年の三歳、四歳という乳児に、天皇の位をゆずっている事実が、たびたびある。

たとえば、第八十代の天皇高倉《たかくら》は、平家が入れた建礼門院徳子《けんれいもんいんとくこ》が生んだ三歳の乳児に、その位をゆずっている。それが天皇安徳《あんとく》である。三歳の乳児の天皇に、統治の能力はあろうはずがない。

いうまでもなく、この天皇安徳は平氏一族のカイライであったが、平氏の一族とともに、あえなく海中に没してしまった。

安徳のつぎの天皇後鳥羽《ごとば》も、四歳の乳児であった。後白河法皇が、天皇の位につかせたもので、天皇高倉の妾の腹の子である。（以上は『増鏡』の「おどろのした」の一節による。）天皇後鳥羽は七歳のときに、藤原氏から女御を入れて、結婚している。女御は皇后となり、宜秋門院《ぎしゅうもんいん》といってい た。天皇は一一九一年一月三日、十一歳のときに、元服している。この皇后は女の子を生んだが、天皇には、別の女の生んだ子があった。それは天皇の十六歳のときの子であり、その子は四歳で、皇位についている。それが天皇土御門《つちみかど》であるが、「天皇」といわずに、「院」といっていた。（『増鏡』による。）

それらの天皇は、もちろん、国の権力者ではなかった。ひとつの飾りもの、あるいは雛人形のようなものであった。それが、正しい歴史である。

天皇のなかには、幾人かの狂人もいた。近くは大正天皇がそうであった。このことは、今日の日本人なら誰でも知っている。西暦八七七年に即位した第五十七代の天皇陽成《ようぜい》も、それであった。（広池千九郎著『皇室野史』一三〇ページ）法律上、無能力者である人を、天皇の地位につけていたのであった。

また、天皇のなかには、幾人かの暴君もあった。第二十一代の天皇雄略、第二十五代の天皇武烈のごときが、それであった。勤王学者頼山陽の著『日本政記』にさえも、その暴虐は明らかにしるしてある。

天皇のなかには、人倫に反した人も、すくなくなかった。すなわち、太后を自分の妻にした天皇が二人もいたのである。開化と二条が、それである。また、天智のように、弟の妻をうばった天皇もいた。

天皇のなかには、その兄が生命をかけて建設した天下を、反逆をおこして、暴力をもってくつがえし、兄の子である天皇を縊死せしめ、自ら天皇の地位についた人もいる。天武天皇がそれである。

天皇のなかには、道鏡と称する僧侶を寵愛し、醜聞を世につたえた人もある。天皇はいっさいをこの僧侶のために傾け、法皇の地位をあたえたばかりか、わが子を島流しにして、彼に天皇の位をゆずろうとしたのであった。天皇称徳《しょうとく》（女帝）がそれである。醜悪かつ背徳の行為であった。

これらの史実は抹殺しえないのである。

グナイストは、伊藤博文や貞愛《さだなる》親王にプロシァの王室の歴史を説いて、日本人の参考に供したが、そのなかには、プロシァの国王フリードリッヒ四世が、貧しい一人のリンゴ売りの田舎娘を愛したために、宮廷は乱れ、人望を失った事実を、正直に述べている。グナイストにはまだ良心があった。

歴史は、事実そのものを示すことが、ぜったいの要件である。日本の明治以後の歴史家には、その点に、致命的な欠点がある。歴代の天皇は、いずれも例外なく聖王であったように書きたて、人民をあざむいていたのである。二千六百年祭のときには、それが露骨にあらわれた。外国の使臣や外国の記者は、おそらく日本人のこの虚偽を、憎悪したことであろう。

こうした民族の虚偽と不名誉を、洗いきよめることが、われら自由人の大きな義務である。この自由は憲法によって、保障されているのである。

天皇は、日本民族には、かならずなくてはならないという理由は、今日では、まったくない。それは、神勅が消滅した以上は、日本民族として、天皇が「天壌無窮の存在である」という考えの根拠を失ってしまったからである。

「君が代の千代八千代」をうたったのは、「天壌無窮の皇運を扶翼すべし。」という勅語とともに、その存在は、理由があったのである。今日は、かかる歌謡は、無意義となった。

人間の生存は、期限づきである。そうして人間の財産や地位は、永続するものではない。人間のつくった「家の観念」は、今日はすでに、法律のうえでは廃止されている。「家」は、昔から、永遠の存在ではなかった。士族は、とっくに廃止された。貴族は、新憲法によって消滅した。

4　世界の大勢と天皇の将来

外国の王制は、どうであろうか。

英国王は、クロムウェルの革命によって、一六四四年から一六六〇年までのあいだは廃止された。しかし一六五八年クロムウェルは死んだ。その後、一六六〇年に王政にもどった。それ以後、王室はつづいている。そうして、一時は、大英帝国と称していた。ヴィクトリア女王時代の膨脹と繁栄とを、イギリス人は誇っていた。

しかしながら、今日は、大英帝国というよび方を廃止して、英国連邦と名を改めている。そうして国内には、社会主義を標榜する労働党が、人民のあいだに大きな信用をおさめている。昔のように、貴族や富豪の左右する国ではなくなって、人民の意思によって、政治がおこなわれている国である。成文の憲法はないが、主権が人民にある国である。

国王はある。しかしながら、国王には権力はない。先々代の国王はシンプソン夫人の問題から、保守党の首領ボールドウィンに強く忠告せられて、国王の地位から去らしめられている。その事実は、日本人もよく知っているところである。国王にたいする英国の政治家の態度は、峻厳である。卑屈な心がない。英国王は、その位につくときには、憲法をたっとぶこと、寺院を守ることを、国民にむかって誓約する。すなわち、君主万能の排斥である。それは、人民にむかって、その行動の適法性と宗教尊重性とを、約束するのである。君主のほうから人民にむかって、皇運の扶翼を命じた日本とは、まったく天地の差異がある。

イギリス人は、その昔は、国王の専制に反抗した。そうして、人民の権利を獲得したのである。イギリス人の権利思想は、はなはだ強い。各人は権利を主張して、いたずらに他にゆずることをしない。世界的に有名なドイツ法学者イエリング博士は、イギリス人の権利思想を激賛し、ドイツ人の蒙をひらいたことをもって、世界に有名である。彼の『権利の闘争』と題する著書にそれが出ている。イギリスは自主の民族である。真に民主の国である。

しかしながら、人民は国王を愛している。一二一五年の自由大憲章にも、一六〇三年の権利請願にも、一六八九年の権利典章にも、国王にたいして、忠誠を誓った文句が見える。たとえば、この権利典章第三条には、

「私どもはウィリアム王陛下およびメリー女王陛下にたいし、誠実であり、忠誠であることを、誠意をもって約束し、かつ誓います。

神明、我らを助けたまえ。」

という文句がある。すなわち、命令と服従とをもって、成立している国ではなく、王と人民との約束をもって、成立している国である。日本の皇室と人民とのあいだには、このような歴史を見ることができない。二つの国は、同じように論じることはできないのである。

国王は、すこしもいばることをしない。一九一四年のことであるが、ロンドンのハイドパークの公園に、あるとき国王がきた。護衛はついていない。国王は自動車から降りた。近くにいた人びとは、「キング、キング。」と呼びながら、国王のそばに寄った。そうして人びとは、自分のハンカチーフを右手でふりながら、国王を迎えた。国王は、その人びとにたいして、手をあげて答える。それは誓いあった人間と人間とが、友愛を示す簡単な形式である。

国王は人民と共存しうる。今日でも「ゴッド・セーヴ・ザ・キング」God save the King の文句は、人民によって用いられている。イギリス人は、国王を愛するのであって、崇拝するのではない。人民と王との関係は、人間と人間との関係に立っている。人間と神との関係というような、不合理なものではない。それであるから、衝突は生じない。国王と人民との関係は、なんの摩擦もなく存在するのである。

日本の天皇制も、昔は、権力もなく、また権力主義でもなく、ただ、たんに一つの地位であった。まったく無害のものであった。そのために、長く存在してきたのである。

ロシアでは、第一次大戦の末期に近く、すなわち一九一七年におこった革命によって、ツァー（皇帝）は廃止せられた。ロマノフ王朝は亡んだ。

私は、一九一八年の夏から、フランスのパリーにいた。一九一八年十二月二十九日、フランスの議会では、午前の九時から夜の八時二十分まで、引きつづき一大討議がおこなわれた。第一次世界大戦の休戦中のことである。

この日、外相ピションは、「ロシアは恐怖時代である。各国はロシアに干渉して、ロシアの人民を救わなければならない。」と演説した。

一人の社会党の代議士は、これをきいて、立ちあがって叫んだ。「一七九三年のフランスの革命時代には、フランスもまた、今のロシアと同じであった。」

中央および右党の議員は、このことばをきいて、大いに憤り、「社会党議員の右の言論は、フランスの名誉のために、許すべからざる暴言である。」と反駁した。

議長デシャンネルは、その顔色をかえて、言った。

「フランスの革命は、人民を救ったものであった。フランス人は、今日のボルシュビーキの政府の行動と、フランス革命時代の政府とを、同一視することを許されない。私は、かかる暴論を、この議会において議することを許さない。」

議場はそれによって、ふたたび静寂にもどった。ピション外相は、そこでふたたび立って述べた。

「私は、ボルシュビーキの残虐性を述べた。その事実を、さらにくわしく述べる。ロシアのイオーフ公は、ボルシュビーキ政府の人によって、捕縛せられた。そうして投獄せられ、まさに死刑に処せられるところであった。イオーフの隣りの監房には、ロシア皇室の人びとが監禁されていたが、ボルシュビーキは、皇帝、皇后、皇太子およびその従者を一室に集め、それらの人びとを寄りそわして椅子にすわらせた。そうして銃剣をもって、それらの人びとを、順次につき刺した。血は流れてその一室を洗い、さながら地獄のような惨状を呈した。ボルシュビーキは、この大残虐を冷然としてながめ、その室からいったん出ていった。その翌日になって、ボルシュビーキは、ふたたび、そこにやってきた。そうしてピストルをもって、皇帝一家の人びとを、いちいち射撃し、その場で、ことごとく射殺した。フランス革命の時代には、右のような残虐行為のおこなわれた事実が、はたしてあったか。」

議場は、粛然としてきいた。それは、私が当時、パリーにあって知った事実である。

私は、一九一四年には、モスコウに旅行していた。そのときは、ロマノフ朝廷三百年記念式のおこなわれるさいであった。私はモスコウ市内で、ツァーの一家がオープンの馬車に乗って、街路をゆるやかに通過し、両側には無数の人民が、ウラーを歓呼して、皇帝を迎えるのを見た。私は、三年ののちに、ロシアに革命がおこるとは、夢にも想像がつかなかったほどである。

もともと、ロシアの文明は、ピーター大帝のつくりあげたものであって、ロシア帝国の発展は、じつにロシア皇室の事業であった。しかしながら、ロシア帝国は、軍事と侵略とにその方向がむけられ、きわめて専制的のものであった。憲法はつくられたが、基本人権はなく、人民の教育や福祉については、はなはだしく怠られていた。「人民の六割は無教育である。」とは日露戦争時代に、日本人のきかされた話であった。それが、ロシアのために禍いをなしたのである。ロシア皇帝を暗殺した人も、そのような悪政にたいしてのうらみから生じたのである。

私は、樺太占領のさいに、樺太の主都アレキサンドリア市で、アレキサンダー皇帝を暗殺した犯人某と会ったことがある。長身で、りっぱな容貌態度の老人であった。学問もあり、フランス語をもちいて、話を交わしたのであった。

権力万能主義は、結局は、権力者を亡ぼすものである。

ドイツでもまた、第一次大戦の敗戦によって、帝制は廃止せられた。

第一次大戦の終りごろに、すなわち一九一八年五月から、私は、日本赤十字の使節として、ヨーロッパの全戦場をまわり、フランス、ベルギー、イタリア、イギリス、アメリカ各軍の最前線も、後方も、こまかく視察した。フランスの戦線では、各地方の人民と接して、話をしてみるたびごとに、ドイツ皇帝カイゼルにたいする全人民のうらみの強烈なものであるのにおどろいた。ことにヴェルダンの要塞をまわって見たとき、そこでドイツ皇太子の統率したドイツ兵が強襲に強襲をかさねて、三十万人の兵士がむなしく死傷したこと、その附近には一本の樹木さえも見えないばかりか、一望千里、アフリカの砂漠のような焦土と化しているのをこの目でみて、カイゼルのために、その罪はとうてい、まぬがれないものがあると、感じたのであった。

パリーの市中では、ホテルの番頭や女中たちが、私と話をかわしては、はげしくドイツをののしり、「カイゼルを檻の中にいれて、棒でつついてやりたい。」などと叫ぶものさえいた。カイゼルは、じつにフランス人の、うらみ、にくむ、中心であったのである。

ドイツは、一九一八年の十一月十一日に、フランスの名将フォッシュの軍門に、軍使をだして降伏した。フランス人のよろこびと、その日のパリーはじつに、たいへんなものであったが、日本にいた人には、とうてい、想像もつかないほどの騒ぎであった。

講和全権も、やがて、各国からパリーにやってきた。日本からも、西園寺全権や牧野全権をはじめ、各界の人がパリーにきた。しかしながら、フランスの新聞をやすやすと読めるような人は、いく人もいなかった。フランス人との会話は、その人びとには望むべくもない。おしやめくらの旅行のような、かっこうであった。日本の新聞記者もゾロゾロいた。今日生きている人も、そのなかにいたものだ。

各国の全権委員のあいだで、カイゼル処罰の議論がもちあがった。そうして、戦犯処罰の委員ができて、そのことを、ドイツの全権に申し出ることにきまった。ドイツの全権は、サンフランシスコ平和会議に出席した今回の日本の政府の大臣、政党の要人、国会の議員から成る全権のような無気力、無策のものではなかった。ドイツ全権はまず、はげしく講和条約案に反対した。ドイツの総理シャイデマンは、ワイマールの議会において、「ドイツは講和条約に調印すべきではない。」と痛論した。敗北国の総理は、じつに意気昂然たるものがあった。ドイツ講和全権のブロックドルフは、外交用語のフランス語をことさらにつかわずに、とくにドイツ語をもって、数百ページにわたる反対意見を書きつらね、それを講和会議の議長クレマンソーにつきつけた。

彼はいった。「講和は、ウィルソンの十四箇条を基礎とすべきである。国際法違反の行為は、ドイツのみがひとりおこなったものではない。イギリス側にもたくさんある。」と、つよく主張した。ドイツの外交家はこのように決然として、列国の提示した講和条約の案に、反対したのである。ドイツ人の主張どおりには、会議が動かされるはずもなかった。しかしながら、ドイツ人の意気は、じつに、大いに認むべきものがあった。

イギリスの全権ロイド・ジョージは、脅迫的な言辞を述べて、ドイツ人に対抗した。彼はいった。「ドイツが、もしも、ヴェルサイユで、条約に調印するのがいやだというならば、われらは、ベルリンに乗りこんで、調印させるのみだ」と。これもまた、私にはちょっと、おもしろくきこえた。

一九一九年のヴェルサイユ会議には、このようないきさつがあったが、今の日本人は、ほとんど、すべての人が、そのことを知らないようである。そうして、政府とその政党とは、「敗戦国は、敵国の申し出た条約案に、唯々として、ただサインするのみである。」と、はなはだ卑怯にも、口外していた。「日本の政治家は、腸《はらわた》をもっていないらしい。」と、さだめし、世界の人間は、あざわらったことであろうと、私は感じた。吉田茂《よしだしげる》君も、当時、パリーにいた。

私は、カイゼルや、ヒンデンブルグや、ルーデンドルフらのドイツ軍の有力な巨頭を、戦犯者として処罰することが、国際法に制裁あらしめるために、必要であると、外国人にも主張し、また日本人にも語った。そうして、そのことを、当時の日本の陸軍大臣であった田中義一にも、書面をもって報告したのであった。私の意見は、その当時でも、今日でも、おなじである。当時の意見は、私の当時の著書に出ている。

当時、戦犯の処罰は、ついにおこなわれずに終った。しかしながら、カイゼルは、ドイツの社会党員からいたく憎まれ、その地位はうばわれた。そうして、オランダの片田舎に夜逃げのようにして逃げさった。こうして、ドイツの帝制は終りをつげたのである。

カイゼルは、その一生を、亡命者として他国に過ごしたのであった、彼が若いときに、一代の偉人ビスマルクを、政府から追いだし、ドイツの政治を一身に引きうけ、「ドイツの未来は海上にあり。」と豪語したころには、世界をひと呑みにするような元気な人であり、一時は、世界の花形皇帝であったが、のちには、外交をあやまり、一身を本国におくことができずに、さびしく他国の田舎で客死したのであった。

ドイツの帝制廃止と前後して、オーストリアの王制も潰滅した。多年、勢威を世界にふるった、ハプスブルグ家、およびホーヘンツォルレン家は、その時をもって、亡びさったのである。

こんどの第二次大戦のあと、一九四六年六月二日に、イタリアでも、国民投票をもって王制は廃止された。

日本の王政維新（一八六七年）よりはすこし前、すなわち一八六一年に、イタリアでは、サヴォア王家のヴィクトル・エマニュエルの下に、賢明な政治家カブールら二、三の人が奮起して、オーストリアと戦い、イタリア国家の統一が完成された。そのサヴォア王室は、イタリア人民から深く尊敬を受けて、その国王は「民主的の皇帝」として、全ヨーロッパに知られていた好人物であった。私も、一九一八年の夏、イタリア北部の戦地のアドアにおいて、王に謁見して会食し、よくその謙譲の君主であることを知っている。

しかしながら、第二次大戦に、イタリアの権力者ムッソリーニは、その外交をあやまって大敗した。人民はムッソリーニを深く憎んだ。そうして、ムッソリーニは殺された。人民は、いたく窮乏におちいった。その結果は、国王の廃止となったのである。このときすでに、国王エマニュエル三世は、王妃をともなってエジプトへ逃げており、皇太子ウンベルト二世が皇位についていたが、それによって、あっさり引退した。そうして一九四七年十二月二十二日に、新憲法が制定された。その新憲法によれば、

「サヴォア家の前王、その配偶者、およびその男系の子孫は、国の領域内に入ること、および滞在することを禁止せられる。」

と定めてある。（経過規定補則、第XIII）

さらにまた、

「イタリア前王、およびその配偶者、およびその男系の子孫が、国の領域内に所有する財産は、

国に帰属する。」

と、定められたのである。

フランスの王制廃止と共和制の採用はすでに、ふるい歴史である。一七八九年にフランス革命がおこり、自由、平等をうたった「人権宣言」が発せられて、一七九三年には国王ルイ十六世が断頭台上に消えた。その後、ナポレオンと王党派との争闘はつづいたが、くわしいことは、ここには述べない。ただ、フランスにおいても、こんどの大戦後、一九四六年十月二十七日に、新憲法が公布された。それには、

「フランスに君臨したことのある家族の成員は、大統領に選挙されない。」（第四十四條）

と、定められている。昔のような君主制にもどるようなことを、絶対に、フランス人は排斥しているのである。ただし、旧王朝時代には、多くの君主に人物がいたこと、人民のために利益のあったことは、今日でも、はっきりと承認されている。そうして学者も、一般人も、旧王家を礼賛しているのである。その点は、まことに公正である。今日でも、フランスには、王党と称する政党がある。しかし、「共和主義王党」Royaliste Républicain と称している。フランスは、今後、王党にもどることはない。

人間平等は、フランスの哲学者ヴォルテールが、一七〇〇年代にといた真理である。ヴォルテールの名は、今日でも、全ヨーロッパに嘖々《さくさく》たるものがある。そうしてその英霊はパリーのパン

テオンに眠って、フランス人のあいだには、依然として尊敬を博している。

このヴォルテールや、ルッソー、モンテスキューなど、近代の先哲の人間平等の思想が、まずアメリカ人によって実行されて、一七七六年のアメリカの「独立宣言」となり、ついでそれが一七八九年の有名なフランスの「人権宣言」となったのである。

そうして、それがついに、東ヨーロッパにもおこなわれて、今日では、東欧諸国も、ほとんど共和国となった。すなわち、ユーゴースラヴィアでは、一九四五年十一月二十九日の議会で共和制をとることに決定し、翌一九四六年二月、新憲法を定めて、チトー元帥が大統領になった。ハンガリアでも、一九四六年二月一日、共和制をとることに決定した。ブルガリアでも、一九四六年五月九日に、共和制をとり、初代大統領にディミトロフがえらばれた。アルバニアでも、一九四六年一月十一日王制を廃して、共和制をとることになった。

さらに、そうした人間平等の思想は、今日、日本の憲法にもあらわれ、天皇の権力は、まったく剥ぎとられたのである。この世界の大勢に、とうてい、さからうことはできないのである。

人間の平等が、人民から確認されることになったならば、おなじ人間が、人民の上にたって、世襲的に、君臨し、支配することなどは、許すべからざることと考えるようになるのは当然である。「万世一系の天皇これを統治す」などという旧ドイツ帝国式の憲法は、民主国の人民から、排斥され、抹殺さるべきもまた、当然のなりゆきである。

アフリカの後進国エチオピアの王位は、万世一系をもって受けつがれるのであると、エチオピア人は、かつては語っていた。トルコの王位も、過去には、おなじように万世継続のものと、トルコ人によって、となえられていた。かの有名なギリシャのアレキサンダー大王の子孫は、アレキサンダーの死後、ローマで質屋をいとなんでいたと、フランスの文豪モンテーニュは書いている。「国亡びて山河あり。」と、昔のシナ人はうたった。世界の君主国は、歴史の示すところでは、永遠不滅のものと、保障されてはいない。しかしながら、民族は、一般にながく存続する。それにしても、まったくほろびてしまった民族もある。人類は、数十万年、ほろびずにきた。とはいえ、地球の存在は、はたして永遠であるかどうか、いまだに未定である。

「万世一系」などを、無上の栄誉として誇っていた過去の日本人は、世界史上、幼稚な人間であったことを、今さら、さとらざるをえまい。

〈註〉

一　（五〇ページ）明治元年四月二十一日太政官布告の政体書。
「去冬、皇政維新。纔《わずか》に三職を置き、続て八局を設け、事務を分課すと雖も、兵馬倉卒の間、事業未だ恢弘《かいこう》せず。故に今般、御誓文を以て目的とし、政体職制、被相改候は、徒に変更を好むにあらず、従来未定の制度規律相立候訳にて、更に前後異趣に無之候間、内外百官、此旨を奉体し、確定守持、根拠する所あって、疑念するなく、各其職掌を尽し、万民保全の道、開成永続せんを要するなり。」

「天下の権力、総て之を太政官に帰す、則ち政令二途に出るの患、無からしむ、太政官の権力を分って、立法、行政、司法の三権とす、則ち偏重の患、無からしむるなり。」

「各府、各藩、各県、皆な貢士《こうし》を出し、議員とす、議事の制を立つるは、輿論公議を執る所以なり。」

二　（五二ページ）大久保利通の手紙。
「公議府など、無用の論多く、未だ今日の御国体には、適し申すまじく候間、一応閉局の内評に相成候、大事件の件は、追て御運相成候へども、未だ朝廷不覇の根本相立不申候、一旦は殆んど、土崩に至り、不可成之勢に御座候。」

三　（五四ページ）明治七年一月上表の民選議院設立の建白書。

「臣等伏して、方今、政権の帰する所を察するに、上帝室《かみ》に在らず、下人民《しも》にあらず、夫れ有司、上帝室を尊ぶと曰《い》はざるに非ず、而して帝室漸く、其尊栄を失ふ、下人民を保つと云はざるには非ず、而して政令百端、朝出暮改、政刑情実に成り、賞罰愛憎に出づ、言路壅蔽《げんろようへい》、困苦告る無し」云々。

「有司の説、又曰く、欧米各国、今日の議院なるものは、一朝一夕に設立せし議院に非ず、其の進歩の漸を以て、之を致したるもののみ。故に我れ、今日、遽かに之を摸するを得ずと。夫れ進歩の漸を以て、これを致せるもの、豈独り議院のみならんや、凡そ学問、技術、機械、皆然り、然るに、彼れ、数百年の久しきを積て、之を致せしものは、蓋し前に成規なく、皆自ら之を経験発明せしものなればなり。今、我れ、其成規を択んで、之れを取らば、何の企て及ぶ可らざらんや。

若し我れ自ら、蒸気の理を発明するを待って、然る後に、我れ始めて、蒸気機械を用ふるを得べく、電気の理を発明するを待って、然る後、我れ始めて、電信の線を架するを得べきとするか、政府は、応《ま》さに手下す事なかるべし」云々。

四　（五五ページ）明治十三年四月十三日、河野広中、片岡健吉らの草した『国会開設允可上願書』「愈、王室の安泰を保全し、其鞏固を得べきことは、定律《ていりつ》政治に若くは莫《な》く、王室を危難に陥れ、王位の鞏固を失ひ易きことは、専制政体より甚だしきは莫し。」云々。

「所謂、万機公論に決せんとするも、亦国会を興して以て、全国の代議人を会するに非ざれば、能《あた》はざる也。」云々。

「専制の政治は、即ち旧来の陋習《ろうしゅう》にして、立憲政体を立んとすることは、則ち当今我国の公論に係り。」云々。

「凡そ国家は、人民の奏合《そうごう》するものにして国家の事は、人民の事ならざるは莫《な》く、国家の盛衰治乱は、人民の安危憂楽に関せざるは莫し。」云々。

「国家の原素たるものは、人民にして、国は、民に由って立つものなれば、人民に、自主自由の精神なく、人民に人民たるの権利を有することなければ、国家は、能《よ》く不羈《ふき》独立すべきことなし。」云々。

そうして最後に、

「是れ臣等が、以て国会の開設を望む所以の大略也。蓋し今日我国に於て、国会を開設することは、陛下の曾て欲する所にして、臣等の固より望む所、国家に在って、已むを得ざる所と為すべし。陛下乞ふ、之れを熟察し、臣等の願を許して、以て国家を安んぜよ。臣等請ふ、陛下、国家の為めに、国会を開設するを允可《いんか》して、以て臣等が、願に副へよ。若し夫れ之を開設する方法制度に至っては、願くは之を開設するの允可を得るに随って、適当の代人を出し、与《とも》に共に之を定めん、然れども、陛下臣等が考案を聴かんと為さば、臣等固より書して以て、之を上《たてまつ》り、或は口づから之を陳せむ。陛下乞ふ早く允可を示せよ。」云々。

五 （六〇ページ）岩倉具視宛、伊藤博文の手紙。

「博文来欧以来、取調の廉々は、片紙に尽兼候故、不申上候。独逸にて有名なるグナイスト、スタインの両師に就き、国家組織の大体を了解する事を得て、皇室の基礎を固定し、大権を不墜の大眼目は、充分相立候間、追て御報道可申上候。実に英米仏の自由過激論者の著述のみを、金科玉条の如く誤信し、殆んど国家を傾けんとするの勢は、今日我国の現情に御座候へども、之を挽回するの道理と手段とを得候。報国の赤心を貫徹するの時機に於て、其功験を現はすの大切なる要具と奉存候て、心私に、死処を得るの心地仕候。将来に向て相楽居候事に御座候。両師の主説とする所は、邦国組織の大体に於て、必竟君主立憲体と協和（共和）体の二種を以て大別となし（此中に種々分派有之候へ共、小差別なり、譬は立君にして協和体あり、無君にして協和体あり、立君専政あり、君主立憲にして議会を有するある等）君主立憲政体なれば、君位君権は、立法の上に居らざる可らずと云の意なり。故に憲法を立て、立法行政の両権を並立せしめ（立法議政府、行政宰相府）恰も人体にして、意思と行為あるが如くならしめざる可らずと云、只邦国の人体と異なる所は、意想行為の両体共に、其組織ありて、各箇其運用を異にす。此両組織の運用並び行はれて、相悖らざるの理あり、君主は則此両組織の上に在りて、所謂邦国の元首なり、故に法以て之を束縛すべからず、刑以て之に加ふ可からず、不可干犯の地位に立って、邦国を統括す。是れ、君主の位なり、職なり、君主の許可なくして、一も法となる者なく、君主の許可なくして、一も命令となる者なし。此許可権は、君位君権に固有専属す。法律は、両院即ち議会の議決する所、命令は政府の発布する所、而して法律命令、其効力を均しくす。只此の両箇の者、相撞着するを得ず、又撞着を予防するの方法あり、総て法律の草案は、政府即ち内閣行政府の起草する所なるを以て、仮令立法議会に於て、政府の意に反するの法律を議定するも、政府承諾せざれば、君主之を許可発布せず、君主の許可発布に非れば、法律にあらずして、草案たるに過ぎず、凡大体と雖も如此。之を細論すれば一朝の好く尽す所に無之候。

故に上に所謂二種の別は、仮令立君の国と雖も、君権完全ならざれば、其政体乃ち協和なり、到底邦国統治の権、国会に偏倚して宰相は、国会の衆寡に依り、進退せらるる者協和なり、到底欧洲現今の形勢にて、漸次君権を削弱し、政府たる者は、国会の臣僕の如き姿に堕り、統治の実権、帰する所なきに至っては、国権を拡張し、民庶の幸福を保持する所以に非ず、故に君主立憲にして、君権を完全し、立法行政両立並行の組織を固定せん事を期す。此真正の政体にして、又真理の然らざるを得ざる者ありと、由具観之、我皇室の如きは、二千五百有余年、邦国の体裁を固定せざる以前に於て、既に君主の地位を占む、豈に国憲を定め、国会を起す時に至り、始めて君主たる事を認めらるるを俟《また》んや。欧洲の政学者、既に君位は、国憲の上に駕するを説く、斯の如し、況んや我皇室の如きに於ておや、尚細密に申上度候へ共、紙に余白なし、後鴻に譲り可申上候。時下為邦家、御自重被遊度候。此書匆卒の間に相認め候故、前後矛盾も不少候へ共、不悪御推読奉願上候。

明治十五年八月十一日

墺国維納府　博文

岩倉公閣下」

六　（六三ページ）松方正義宛、伊藤博文の手紙。

「追々内閣諸公の報及新聞等にて、政党団結、演説集会の模様承知仕候処、彼の改進先生の挙動、実に可憐のものなり、人も身も置くの所を転ずれば、如斯《かくのごとく》志操迄も変じ得るもの乎。必竟彼是と名称を設けて、理窟らしき事を首唱し、世の衆愚を籠絡し、衆力を仮らんと欲するの外なしと雖も、抑も国家を経理せんと欲する者、一定の見識なく、青年書生が、漸く洋書のかじり読みにて、拈《ひね》り出したる書上の理窟を以て、万古不易の定論なりとし、之を実地に施行せんとするが如き、浅薄皮相の考にて、却て自国の国体歴史は、度外に置き、無人の境に、新政府を創立すると一般の陋見に過ぎざる可し。況んや今日の浮薄なる人情を熟知しながら、政党だの、団結だのと、奔走駆逐、騒ぎ廻るも、必竟風を捕ふるに不異《ことならず》。無智無識の青年輩が、糊口の策に苦んで何か依頼者あらば、之に依て己が目下の窮乏を救ひ、歳月を経過する内には、何か僥倖もあらんもの位にて、意を迎へ説を作て、附従するとも知らず、断金の交友と認め、他日志を得て、内閣を組織するの時には、股肱の輔翼となる者かと、馬鹿々々しき夢を楽むに外ならざるべし。安《いづく》んぞ知らん、彼等は何も縛束せらるる程の義務もなければ、恩愛もなしとて、都合次第に聚散離合、所謂相手代れど主は不替《かわらず》との俗諺に墜り、此間、人に被欺《だまされ》、人に被売、数年の後、始めて、其謀略の非なるを悟るべし。是れ僕が可憐と云ふ所以なり。賢台以て、如何となす乎。

明治二十三年に至り、仮令憲法を定め、国を興すも、決して彼等が希望する国会の衆寡を以て、内閣宰相の進退更送を為すが如き、所謂議会政府の我日本に適せざるは、不俟論《ろんをまたざる》のみならず、如斯《かくのごとき》は、則ち純然たる君権完全の政治に非ずして、英国の古今無比の一種なる政体を、数百年の沿革に依り、作り出したる一例あるのみ、英人は、自国に適当せるを以て、最上の政体なりと誇称するも、彼等が祖先の聊も予期したる所に非ずして、沿革興亡、七八百年間の変遷の力に依り、自然に今日の体を為したりと云も誣言《ぶげん》にあらず、而して彼等誇称する所、古昔の賢哲シセローの語を引用して、王室、貴族、衆民、此の三原素を合体して、創立したる政体を以て、最上となす云々と、恰も符合せる所を以て、得意とせり、然るに上古より中古、中古より近代、之を歴史上に徴するに、王室も貴族も、衆民も悉く皆な我国に在る所と、同種のものに非ずして、亦此三原素互相の関係も、我国の事実、形跡に対照するに、一も同なるものある事なし。就中、貴族の一部に至っては、霄壌《しょうじょう》の差あり、既に一原素の異るを以てするも、英国政体に比して論ずれば、三方鼎立の一を欠く、三足を以て立つ鼎にして一足を欠き、二足にして確立するを得ると云はば、三尺の童子と雖も、迂拙を笑ふべし。千八百期の末年に当り、仏国王家、擅横の事跡あると、仏民乱を好むの質あるとに依り、又ルーソーが如き、謬見《びゅうけん》の学者が、悪を世海に流したるに依り、其結果、自由民権の説、世の風潮をなし、終に革命変乱に至て、窮まり、英雄衆を籠絡して、己が功名利達の志を遂ぐるの好時機を作り、乃ち、那勃烈翁《ナポレオン》が当初民権を首唱し、志を得るに至り、帝位に昇り、兵威を以て四隣を伏し、其勢を以て、一時仏国の民心を維持する事を得たるも、英雄の通患として、勝に乗じ、無飽の欲を逞うしたるため、欧洲連衡の力を以て、那勃烈翁を滅却したるは、即ち欧洲の各王家なり。欧洲各王家連衡の力、能く勝を制したるに依り、一時鎮静に至りたるも、民権、自由、協和論の余毒、尚ほ人心に感染して、時ありて起伏し、千八百四十年、再び仏国協和論を生ずるに至り、那勃烈翁三世機に乗じ、大統領の職に当る。而して四十八年欧洲一般の風潮を為し、独墺共に内乱を醸成し、終に憲法を公布し、国会を開くに至る。是れ此間の大略なり。然るに近年に至り、色々種々に変遷し、或は社会党の如き者を現出し、或は虚無党の如き者を現出し、又国会ある国は、早晩も君主統御の権を削弱し、無智無学議員の多数に、国政の得失を任ぜんことを主張し、不得止《やむをえず》して、之を放任したるの国は、今日如何ともする事不能、内閣宰相は、何時議院の為め、進退せらるるか、自ら量る事不能、自然に、事に任すの力を弱くするに至れり、是らの理由あるが為めに、識見ある学者政治家は、皆な此弊を救護せんと汲々たり。

小生八月上旬より、維納に遊び、有名なスタインに就き、其説を聞き、実に得る所不少と心窃に楽み居候処、俄に独逸皇后より、至急帰れと電報到来、伯林に帰り、二十八日皇帝の別居にて、陪食せし時に、皇帝勅して曰く、汝は、国憲等の取調を為すと聞ゆる。然るに、朕は、日本天子の為めに、国会の開かるるを賀せずとの意外の言あり。食事を終り、別室に至り、懇々切々、今日欧洲流行の非なるを教示せられ、竟《つい》に日本の形勢、不得止して、国会を開くに至らば、能く注意し、国法を定め、而して仮令如何様の事あるも、国費を微収するには、国会の許諾を不得《えざれ》ば、不出来様の、不策に出る勿れ、若し其権を、国会に譲れば、内乱の基と知るべしとの事なり。独帝の此勅論、固より他国人に向て、容易に発せらるべき事に非ず、又決して世上に公にすべき事に非ざれば、僕が心中に収蔵するのみ。此事を茲に記載するの為差《さしたる》、要用なしと雖、前論の不慮を証する為めに、其一例を挙ぐるのみ、是れ欧洲識者の論、殊に独逸流義の主旨は、大概右の論点に傾斜する者の如し。独逸の大学者、尤憲法学に有名なるグナイストの論は、独帝の勅語と大同なり。グナイストの論にては、憲法に会計の事を掲ぐるは、予算書を、国会集会の目前に読む事を得、国会は、之を論ずる等を得ると云ふに止むべしとの事なり。決して国会の承諾を得るに非れば、政府歳入を徴する不能とか、国費供給する不能とか、国会に、会計全権を挙げて委するが如き失策に陥る時は、政府は手を束ねて、彼等の指揮に従はざる事を不得、是れ国政萎靡して、不振の基を開き、彼等飽く事なきを求め、終に国君を廃し、協和政治を創立せんと云ふに至る。各国一般なりとの説なり。墺国の博士スタインの説は、過日大略を書し、山田へも差送り置候故、自ら御一覧被下候事と愚考仕候、余りに長文に渉り候故、此度は、先づ是にて擱筆可仕候。乍憚九鬼へ別書なし、宜しく賢台より御伝言奉願上候。僕一両日間より、再び墺国へ罷越、十月中旬頃迄滞在のつもり、夫より再び伯林に回るべし、余は譲後鴻、頓首拝白

明治十五年九月六日

仏国巴黎府　博文

松方賢台」

七　（一一七ページ）田口卯吉著『日本開化小史』（一〇八―一〇九ページ）

「然るに此等の武夫が、京師に到着するに及びて、其の兼て期せし所は、皆な悉く失敗したりけり。彼の後醍醐の兼てより望を属せられし所は、鎌倉以来に盛なる武人の権を殺ぎ、公家一統の世となさんとの目的なるを以て、之を打滅すに於てこそ、武夫の力を借りたれ、既に之を打滅せし後は、之と安楽を共にするは、其好まざる所なり。神教政府の教は、永く帝室

を柔弱ならしめたれば、後醍醐の如き天皇と雖も、一点の勇気を胸中に蓄へざるなり。故に事ごとに武夫と性質を異にし、最も困難の時と雖も、武人と面会することを嫌はれたり。其目的彼の如く、其性質此の如くなるを以て、鎌倉滅亡の後に及びては、彼の柔弱にして、決断もなく、智略もなく、唯詩歌管絃にのみ巧みなる婦女子の如き無功の公家原、祈禱をなせし僧侶、及び嬖妾等が、第一に恩賞と高官とを占め、廟堂の上に充満し、諸国の荘園を拝領して、又武夫を補すべき任もなく、武士に給ふべき地もなし。或は之あれば、一ヶ所を以て、数名に給ふことあるに至る。（太平記に曰く、「或は内奏より訴へ勅許を蒙れば、決断所にて、論人に理を付け、又決断所にて、本土安堵を給はれば、内奏に、其地を別人の恩賞に行はる。かかりし程に、所領一ヶ所に、四五人は給主付く、国々の動乱止む時なし」）故に武人の功労全く無効となりて、其利は、白面の人に奪はれたり。然れども、是れ猶ほ武夫等の蒙りたる不幸の最なるものにあらざるなり、彼の公家僧侶は、俄かに国家の政権を執り、諸人の上に立つ身となりしかば、諸国の武夫は、皆な其の賤蔑する所となれり。而して、其俸領亦多かりしかば、家俄かに富みて、驕侈の有様、人の耳目を驚かし、品行敗れ、風俗崩れ、醜声四方に聞えたり。（太平記に、「其外五十余ヶ所の守護、国守、国々の関所、大庄をば、悉く公官被官の人々拝領しける間、陶義《とうぎ》の富貴に誇り、鄭白の衣食に飽けりと、其外千種殿と、文観僧正の奢多婬乱の事を記すこと詳かなり」巻の十二を見よ）然るに諸国の武夫は、之と比肩する能はざるのみならず、外にありては、香車の後《しり》へに走り、内に在りては、青侍の前に跪《ひざまづ》かざるを得ず、且つ当時最も武夫の栄誉としたりし御家人の名は廃せられ、凡下と区別なきに至れり、是れ豈に武夫の最も怒るべき点ならずや、然れども是れ猶ほ武夫の蒙りたる不幸の最なるものにあらざるなり。中興の政府は、天皇の政府なるを以て、万事様式を正うし、装飾を要するものあり、故に官省新築せざる可らず、宮殿新設せざるべからず、是に随い、無用の土木盛に起り、官庫空乏、紙幣を発行するも償う能はずして、終に日本国総ての地頭、御家人の所得二十分の一を課して、之れに充るに至れり、其他武家の法制は、悉く廃絶せられ、武士の慣習は、皆な賤蔑せられ、政令朝夕に改まりしかば、貯産も頼むに足らず、勲功も訴ふるに処なくして、諸人安き思はなかりけり、（梅松論に曰く、今の例は、音の新儀なり、朕の新儀は、未来の先例たるべしとて、新なる勅裁漸、聞えけり。……記録所、決断所を置かると雖も、近臣臨時に内奏を経て、非義を申し継ける間、綸言《りんげん》朝に変じ夕に改まり、諸人の浮沈掌を返すが如し。）」以下略。

八　（一四一ページ）遠山茂樹著『明治維新史』（一〇四ページ）

「彼此へ賄やら、例の御染筆やら、書籍買求めやらで、五十金計遺切申候。今後も如何か不被計候間、又五十金にても、百金にても、用意に御廻し可被下候。（中略）此地の諸太夫（公家の家臣）は金子も喜び候へども、又道具を喜び候。此は御客を拵、売付候塩梅因て賄には、御国より、品を取寄可申候。」

九　（一五七ページ）大久保利通への斬奸状

「石川県士族島田一郎等、叩頭死昧、仰いで天皇陛下に奏し、俯して三千有万の人衆に普告す。一郎等、方今、我が皇国の現状を熟察するに、凡そ政令法度、上天皇陛下の聖旨に出づるにあらず、独り要務の官吏数人の臆断、専ら決するところにあり。（下略）」

一〇（一五七ページ）

「拙者儀、今般、政府尋問の廉有之、明後十七日県下発程、陸軍少将桐野利秋、陸軍少将篠原国幹、及旧兵隊の者随行致候間、其台下通行の節は、兵隊整列、指揮を可被受、此段照会に及候也

明治十年二月十五日

陸軍大将　西郷隆盛

熊本鎮台司令官」

一一（一五八ページ）

「比叡山延暦寺に関する事実

仏像仏具等は、一所に囲い置可申儀定に候処、其場に相成り、京都より参し候ものの内、焼捨致し候方可然哉之旨申聞候に付、私儀も至極之事と存じ、老分之者に申し聞け、夫々差図いたし、仏像仏器は、却って焼捨てられ、辛櫃《からびつ》に相納め候。

右の物件御神体に祭り替申候、其節、厨子《づし》等を社司共より打ち抛り、又は多人数の内鎗の石

突等を以て、打砕き火中致し候」

一二 （二五九ページ）

「前中納言殿、和歌を好み、本居学に志し、其説信用候処、唐土文王武王の如き聖人も、先君を殺し、遂に悪を仕遂候ても、末代迄、聖人と被称候。悪を仕遂候へば、美名を残し、善も不仕遂候へば、悪名を残し候事、和漢其例少なからず、日本中古代にて、織田氏、足利義昭公を退け、我意を振い候へども、威勢強く候間、逆賊の名を残さず、諸大名も伏従いたし候、云々。（中略）譬へ外夷の手にかかり、天子を押領致候とも、天地神明の御憎は決して無之候。悪をいたし候者は、人は知らずとも、未来、悪道に落ち、善をいたし候へば、此世にては、たとへ御合ひならずとも、未来にて仏といふ者に成候と申事は、穢しき坊主どもの妄言に候へば、右等の事に、懸念有之候ては、大事は成就しがたく候へば、本居の説のみ、信用致し可申候と、主人常に臣下へ申し聞かされ候。」云々。

私の歩んだ道

一　子供時代の教育と精神

私は、明治六年に生まれた。そうして七日ののちに、父をうしなった。私は、父親を知らない人間である。

私は、駿河《するが》の国（静岡県）の海岸の袖師《そでし》で生まれた。興津《おきつ》の隣り村である。私は生まれてまもなく、母にいだかれて東京に移った。母の生家は、徳川時代から神田明神下《かんだみょうじんした》にあった。母の実父、すなわち私の祖父は、播州《ばんしゅう》（兵庫県）林田《はやしだ》の旧藩主であったが、まだ生きていたのであった。母は、その生家の建部家をたよって、東京に出たのである。

私は、一家が無禄移住をした駿河で生まれたのであり、生まれながらにして、逆境におかれた不運な一人間であった。

当時の東京は、おごれる薩長人をはじめ、各藩から集まりきたった勝利者の占領地となった直後であった。すなわち、革命後の混乱の社会であった。

私の母は、やがて麹町三番町《こうじまちさんばんちょう》の実弟、坪内《つぼうち》家の邸内に移ることになった。私はそこで、十五歳まで、母とともに生活した。私は七歳以後は、当時から有名な番町小学校に学んだが、学問、思想、行動は、先生から模範少年としてほめられていた。ただし、町の人びとには、いたずら者として、市ケ谷見附《いちがやみつけ》から九段《くだん》にいたる間の人びとからは、憎まれはしなかったが、評判されていた。

私はそのあいだに、漢学を清田嘿《もく》先生に学び、英語を無名の先生に習い、また特に数学の先生について、代数や算術を学んだ。私の母は、親切に私を養育した。「一大人物となるよう。」にと、母はいつも私をはげました。母は私に、わが家の昔からの歴史を、よく説ききかせた。また、維新当時の事情を、よく話された。

私が五歳のときに、空中にものすごい帚星《ほおきぼし》があらわれたが、母は深夜、私を庭につれだして、そのおそろしい大きな星を指さし、「あれが、西郷《さいごう》の怨霊だと、みんなは言っている。」と、私にきかせた。私は、まだほんの五歳の子どもであったが、永年、かき消すことのできないほどの強い感じを、そのときに受けた。七十四年をへた今日でも、その大きな、かがやいた彗星《すいせい》とその場面とは、私の眼に映っていて、消えさらない。

私はある日、母につれられて、小石川《こいしかわ》の大学植物園へいった。十歳ぐらいの時であったろう。母は私にむかって言った。「ここは、蜷川家《にながわけ》の下屋敷《しもやしき》であった。明治元年三月から十月までのあいだ、一家は二人の旧臣と数人の下男下女とともに、この屋敷に住まっていた。その五月には、彰義隊《しょうぎたい》の敗兵数名がこの屋敷に逃げこんできた。一家は、今夜こそは官軍の刃にかかって、皆殺しにされるだろうと心配もしたが、覚悟もきめた。しかし、敗兵はどこにか去って、一家は無事だった。しかしその後、ある夕刻に、父も母も中二階で夕食をともにしていた時に、山上から、突如、一発の弾丸が飛んできた。その弾丸は、座敷のかもいにあたった。父母は食事をやめて、階下におり、静かに山上のようすをうかがって見たが、なんの異変も見られず、そのままで終った。」と、私に話してきかせた。子供ながらにも私は、それをきいて憤りなきをえなかった。そのときの母の姿と容貌とは、今もなお、私の眼底に残って消えない。

私は、子供の時代に、三番町に住んでいた清田嘿《もく》という漢学の先生の塾に、毎日かよった。先生は、幕府時代には与力《よりき》の身分の人で、漢学には深い造詣があった。漢文の著書も数種あった。生徒も、たくさん通っていた。先生は、いつも、維新当時の江戸の実相を私に話しきかされたが、そのなかには、西郷が江戸市中に放った強盗五百人の掠奪事件のくわしい話もあった。与力《よりき》は、幕府の警察官として、強盗押入りの知らせがあれば、ただちに隊を組んで、その捕縛にむかって、挺身するのであった。人民の財産を強掠するのが西郷らの仕事であって、幕府を攻めるのでもなく、市内に反乱をおこさせるのでもなかったことを、いつも先生は、くわしく私に話された。彼らには、なんらの道義心のなかったことを、力強く私に話されるのであった。正義心にもえていた少年の私は、子供のときから、彼ら政争者の残虐非道をにくまずにはいられなかった。

私は、その時代からすでに、レジスタンス式の精神を、うえつけられていたのである。私は、張良《ちょうりょう》が秦《しん》の始皇帝《しこうてい》を、挺身襲撃した古事を、漢学によって学び、張良の強く正しい意気を、深く敬慕していたものであった。後年にも、私はその絵を床の間にかけて、観賞するのをたのしみとしている。

二　高等学校と大学時代の私

私は、自分でかってに、自分の方向をきめて進んだ。私は、はじめは、海軍に身を投じて、海国日本のために一生をささげようと考えた。しかし、一度、兵学校の体格試験を受けたところが、「虫歯が一本多い。」というので、はじめからはねられた。私は、そこで、海軍を見かぎった。そうして私は、東京大学に学ぶことに方針をかえた。

私は、明治二十二年に、第一高等学校に入学した。私は仏文科にはいり、将来は外交官となることを決心した。私は、英雄の伝を読みふけった。友とともに暴飲もやった。先生にもたびたび反抗した。教場で、ときどき、神道を説く文学士の先生を、公然、教場でからかったりした。王朝文学を講ずる文学士の先生にむかって、和文の気力のないことを、公然、非難したりした。先生からは、「君はだめだ。」といわれ、取りあわれないこともあった。それは有名な落合直文《おちあいなおぶみ》先生であった。私は、フランス語は大いに学んだ。フランス大使館の通訳官とも交わった。私は学校の長い休暇には、各地を旅行した。その旅行の仲間で、後年には日本のために大いにつくした友人が数名いた。内閣にはいった渡辺千冬《わたなべちふゆ》、世界的の学者となった農博、鈴木梅太郎《すずきうめたろう》、京城大学の総長だの、李王《りおう》職長官だのになった法博、篠田治策《しのだじさく》だのが、それである。私は、高等学校の例の祝祭日の日に、輿に乗じて、朝から酒を飲みすごし、夕方の四時には、まったく体が動けなくなって、あの広い彌生ケ丘《やよいがおか》の運動場の上にたおれ、友にたすけられて寄宿寮に運びこまれたこともあった。

私の行為について、母はさだめし、その心のなかで憂えていたことであろう。しかし、なにごとも言わずに、母は私のなすにまかしていた。母の恩は、後年になってから、しみじみと私の胸を打ち、まことに相すまなかったという悔悟を、生ぜしめてやまないのである。私は、生来、自由を愛した。自由に学生時代を送ったのであった。詩吟が大好きであった。

三　一年志願兵として入隊

私は、大学を卒業したならば、ただちに外交官となって、世界じゅうを飛びまわろうと考えていた。そこで、高等学校を卒業するや、軍隊にはいり、軍事をいちおう心得て、後年の外交官としての活躍のための参考としようという決心をもった。私の友は、私を、もの好きだと笑った。私は、ひとりで身の方向をきめた。私は一年志願兵として、近衛《このえ》第四連隊に入営した。明治二十九年十二月のことであった。それは、日清戦争直後のことであった。

軍隊では、傲慢で低級な下士官や上等兵に、そうとうににくまれた。あるときは、下志津原《しもしづはら》の遠いバラックに連れてゆかれ、闇打ちをくらう直前までいったこともあった。だが、私の正論に、彼らは圧せられて、たくみに私はその場を切りぬけた。私は幸いにして難をまぬがれ、自分のバラックに帰ることができた。連隊長や大隊長らには、私は大きな信頼を受けていた。

あるとき、黒木《くろき》近衛師団長の検閲がおこなわれた。私はひとり、青山《あおやま》練兵場に引きだされた。師団長はじめ参謀らがならんでいた。一人の大尉は私の前に立ち、「服従の定則をのべてみよ。」と命じた。私は、形のとおり静かに答えた。ついで、その大尉は、「どんな命令にも服従するか。」と、重ねてたずねた。私は、「天皇の命は正しいと信ずる。それゆえに、服従する。不正の命令には、私は断じて服従しない。」と、厳然として答えた。その大尉は私を叱って、「それは、服従の定則に反するではないか。」と責めるがごとくに、私に問うた。私は、「それは、正しい見解でない。」と、頑として強弁した。それで私にたいする試験はおわったが、その夕刻にその大尉は、「君！じつはみんなで協議したうえ、君にあの質問を発して、おもしろい場面を展開し、師団長に披露しようという芝居であったのだ。」といった。

私は、連隊でよい経験をつんだ。そうして、私の体格は、ひじょうに堅実のものとなった。私は、一年と三ヵ月を隊中にくらした。そうして少尉となって、ふたたび自由の学生となって、大学に学ぶ身となった。母はだいぶに老いの身となっていたが、大いによろこばれた。

四　東京大学入学とその以後

私は、東京大学の法律科に入学した。そうして、主としてフランス語と、国際法とを学んだ。学生時代に、私は、ルノールの有名な国際法を翻訳して出版した。フランス語の力をつけるためであった。私はいく人かの学友とともに、演説の講習会をつくって、大学の大教室で演説の練習をやった。その仲間には、後年に有名となった人がいる。長島隆二、小川郷太郎、渡辺千冬、中川健蔵らが、それである。スイス人の教師ブリデルには、私は大いに信用された。民法の講義を受けたが、私は、そのフランス語の講義を、大した誤りもなく筆記しうるようになった。私は、外人で日本を訪れる人のために、通訳となって日光《にっこう》の案内をやったこともあった。外人を理解することが、私の目的であった。私はそれによって、得るところは多かった。

私は、明治三十四年に法科大学を卒業した。まず自身で大蔵省に行って、就職を求めてみた。係官の一書記官は、その机の上に準備してあった「大学卒業生の成績表」と私とを対照し、私と少しばかり話をまじえたが、私にむかって採用を約束された。私は関税課の勤務となった。その課長は有名な目賀田種太郎《めがたたねたろう》氏であった。私にむかって、「そのうちに、在外財務官が設置されることになっている。君をそのほうに当てる予定である。」といった。私は、目賀田氏の人物に非凡のところがあるのをみとめて、唯々として、その命にしたがっていた。あるときは、えらく叱られたこともあった。

私は、ひそかに外交官試験を受けてみた。試験官は書記官石井菊次郎氏であったが、フランス文の書いてある一枚の紙を私に渡した。それを読んでみろと言われた。私はすらすらと読んだ。石井氏は、「どういう意味か。」と私に問われた。私は、「わからない。」と答えた。「なぜか。」と問われた。私は、「フランス文の文字が、二つ私にわからないのがある。それで意味が取れないのである。」と答えた。石井氏は、「教えてやろう。」と言われた。私は、「試験場に出てきて、知らない文字を教えられては、私の不名誉である。」と、キッパリと答えた。石井氏は少しく怒気をふくんで、「それならば、もうよろしい。」と言われた。私はそれで、試験は落第ときまった。私は、それも運命だと思った。私は、官吏は私にはむかないと考えた。そこで、大蔵省も辞職した。目賀田氏は、私をその邸にまねいて、「思い止まれ。」といわれたが、私は固くことわった。明治三十五年のことである。

私は、みずから読売新聞社に行って、臨時の記者に採用された。私は大いに政治を論じた。岳南のペンネームで書いたが、自由で、はなはだ愉快であった。やがて渡辺国武《わたなべくにたけ》子爵は、伊藤内閣の大蔵大臣を辞し、あらたに新聞を発行されることになった。私は渡辺子爵をかねて知っていた。そこで、その新聞に転ずることになった。電報新聞といった。私は社に宿泊して、新聞事業に身を投じた。その当時、私は大学院の学生に席をおき、将来は自由な学者になることを志していた。明治三十六年のことである。

その当時は、日露間には不穏の事態があらわれ、有名な七博士は、率先して開戦を叫んだ。私もその一味の応援者であった。私は開戦を論じていた。明治三十七年の二月に、開戦の宣言は発せられた。同時に、旅順港の襲撃がおこなわれた。私は、予備の陸軍少尉であったところから、ただちに召集されて、軍隊の人間となった。私は第一軍司令部附の国際法顧問を命ぜられて、黒木司令官らとともに、宇品《うじな》から出発し、大同江《だいどうこう》をさかのぼり、平壌《へいじょう》についた。その以後は、国際法上の違反がおこらないように、私は軍司令部参謀にやかましい意見をのべ、満一ヵ年を、満州の戦場におくったのであった。

明治三十八年三月、私は陸軍省の命令により、名古屋の俘虜収容所附に転じた。旅順《りょじゅん》で勇戦した有名な将官らが、名古屋にいた。私はその取締りにむけられたのである。私は俘虜から敬愛された。そこにいること三ヵ月であったが、俘虜は私に大いに感謝した。当時の日記は、私の手もとに保存してある。人類愛の実行であった。私は交際社会で大いにもてたのも一つ話である。

同年七月私は、新設された樺太《からふと》軍の国際法顧問にされた。樺太の占領にかんして、私は大いに人類のために働いた。その事業は、意義の大きいものであったが、詳細はここにははぶく。ポーツマスの平和条約が成立して、樺太軍の大部分は日本に帰ったが、私は一箇連隊とともに残された。樺太引き渡しの事業にあたることになった。いっさいの談判は、私ひとりでおこなった。これもまた意義の大きな外交事務であった。当時の記録を私は保存している。日本の占領していた北部樺太の引き渡しは終了した。無事にすんだのを陸軍大臣らは大いによろこんだ。

私は、十一月日本に帰ったが、陸軍大臣は、私に旅順にいって、「外人の遺留財産の整理委員」となるように命じた。私は、それを引き受けて旅順にいった。この事業は、全満州における外国人の遺留した動産不動産を、整理することであったが、そこに私は、一年三ヵ月のあいだ留まっていた。その事業のなかには、撫順《ぶじゅん》の大炭坑を、ロシア人とシナ人に還附すべしという請願事件もあった。それは、ポーツマス条約のなかに、ロシアのために有利な条文が挿入してあったところから生じた一大事件であった。私はその問題を、ロシア人と毎日、談判した。ついに日本のために有利に解決したのであったが、それは、私としては大事業であった。

私は、その任務を終了して日本に帰った。明治四十年三月のことである。それから私は、韓国政府の官吏となることになった。目賀田顧問のもとに、経理の事業をおこなう任務であった。まもなく韓国は、イギリスの支援をもって日本の保護国となった。それ以来、私は韓国宮内府《くないふ》に入り、宮中の一大改革をおこなう任務をあたえられた。私は大胆に、宮中の大粛正をおこなった。この時代に、多年、李太王の寵人であり、顧問であり、韓国の外交を一女子の身をもって引きずり廻していたフランス人ゾンタク夫人と、私は最初は大いに抗争して、その専恣を押えた。しかし、私は伊藤統監から命ぜられて、その夫人と和睦した。そうして日本の外交を勝利にみちびいたのであった。

韓国にあること六年であったが、伏魔殿といわれた宮中は、まったく粛清された。李太王は相当の人物であったが、私には一目をおいていた。私は目的を達して、いさぎよく官を辞したが、李太王は寺内《てらうち》総督に人を派し、「あと二年だけ蜷川を留任せしめたい。」と申し入れられた。私は固くことわったが、李太王の策略であったかとも思われた。

私は大正元年十月に、京城において文部大臣から学位を授けられた。私はこれを機会として、事務の人間から学界の人間へと一転した。そうして私は、大正二年三月をもって、ウラジオストックに渡航した。そこからモスコウに向かった。そうしてパリーにゆき、専門の学問に志した。ついでに私は、全ヨーロッパを旅行した。私は大正三年九月に日本に帰った。

私は、明治三十七年二月以後、大正二年三月にいたるまでの十年余の歳月は、極東において、日本民族の自保自存のために、一身をささげて働いていたものである。私には地位や収入など、まったく眼中になかった。予備の一中尉として、あるいは一嘱託として、あるいは韓国の一小官吏として働いたのであったが、私には、眼中に長官はなく、自由な一人間として、日本民族の光栄と自由とのために奮闘した。私の基本とする原則は、国際法であり、人類の福祉であった。私は、ロシア人の生命も相当に救った。シナ人、朝鮮人の生命や財産も保護した。日露の戦中また戦後の対外政策の一端に、私はあずかっていたけれども、私のなしたことは、けっして侵略ではなかった。侵略への反抗であった。私と接したすべての外国人は、私の誠意をみとめて、いずれも感謝してくれた。私は、民族の自由と平等とを、第一義として働いたのであった。

五　学界入りについで再渡欧

私は、大正三年九月にヨーロッパから帰ると、当時、京都に創始せられることになった同志社《どうししゃ》大学に、教授として就職することになった。私立の大学を発展せしめることは、日本の文明のために、必要であることを私は信じていた。

同志社大学では、満三年のあいだ、国際法と外交史の講座を担当していた。有望の学生もそうとうに多くいた。今日でも、社会にそうとうの地位を占め、私と交遊している人もある。私は一時、健康をそこない、肺病の初期のように医師からいわれた。私は京都に引きこんでいるのを、愉快としなかった。そこで私は、三年の勤務をおわって辞任し、大磯《おおいそ》に閑居することにした。私は自然を友として、しばらく遊んでいた。

大正七年の春、日本赤十字社は、石黒社長の代理として石黒忠篤《いしぐろただあつ》氏を、私の大磯の私邸によこされた。そうして、日本赤十字社の慰問使として、ヨーロッパに行くことを申しこまれた。私は、二日の後にそれを承諾した。そうして、ヨーロッパの戦地に行くことになった。一行は、徳川慶久《よしひさ》公爵と赤十字の医師と合計八人であった。

われわれの一行は、まずアメリカにわたった。そうして大西洋をこえてイギリスにわたった。第一次大戦の末期であったが、まだいずれの国でも、ドイツの敗北を予断する人はいなかった。洋上のわれわれは危険であった。艦隊を編制して、軍艦に護衛され、ものものしい警戒のもとに航行するのであった。幸いにして敵の襲撃をこうむらずに、約十日の航海をへて、われわれはイギリスに上陸した。それからフランスにわたり、フランス、ベルギー、イタリアの前線に進み、軍と赤十字とを慰問した。医師は三名をつれて行ったが、先方で希望するならば、先方の病院に残留せしめる方針であった。ところが、各国ともに、医師も十分に準備してあったので、ただ、たんに視察して、日本の医師は日本に帰ったのであった。その方のことは、じつは無益であった。しかしながら、未曾有の大戦のおこなわれているヨーロッパにいって、政治、経済、人道を研究したことは、じつに甚大の利益があった。

私は各国の国王や、政治家や、学者や、軍人や、一般人やに接触して、いろいろのことを研究した。その研究の結果は、かねて約束してあった陸相田中義一氏にたびたび報告した。また私の視察と感想とは、私が著書をもって、世に報告してある。（『復活の巴里より』という著書が出ている。）私は知人の田中陸相から、ドイツ軍のおこなった「占領地行政」をくわしく調査することを、出発前に依頼されていたのである。私はフランスの陸軍省に申し出て、ドイツ軍の全占領地を、フランスの一陸軍中尉をともない、一週間にわたって、くわしく調査したのであった。フランスの陸軍はよく私を知っていた。

私は大戦の悲惨を目撃して、世界の平和永続の方策を研究した。そうして、第一次大戦が終ったのちも、赤十字事業を引きつづき平和時に、全世界にわたっておこなうことを、列国間に新たに条約すべきことを、列国の有力者に力説した。それが国際連盟規約の第二十五条となった。またそれが、赤十字社連盟規約の締結となって、世界に新しい「赤十字世界」が、創建せられたのであった。人道、平和上の一事業であることを、私は信じている。

一九一九年のヴェルサイユ会議のときには、私は、フランスの大新聞「タン」、「マタン」、その他いくつかの雑誌に投書して、世界の問題を論じたが、幸いに、パリーに集まった世界の識者の注目を集めた。このときには、外務省の役人も、たくさんパリーにきていた。松岡洋右や、吉田茂や、芦田均も、書記官として来ていた。まだ、名の知れていない、微力の人びとであった。青島《チントウ》の帰属は一時はシナにゆくことにきまり、日本全権は失望の極に達していたけれども、私の学理による一片の論文によって、それが解決せられ、日本に譲りわたされることになったのである。ただし日本の全権は、このことを偽って、原首相に報告している。

私は、一九一九年（大正八年）五月五日に、パリーで公式に赤十字社連盟を成立させることに成功して、ひとまず帰国を命ぜられ、九月に日本に帰った。しかしながら、その十一月には、ふたたび赤十字会議に出席する任務をおびて、またジュネーヴにむかって出発した。そうして翌二十年の九月に、日本に帰った。各国人は、私の親しい友であった。インド洋上の航海は、私にはたのしみの一つであった。また来ましたかと、途中の内外人にいわれたほどであった。

六　シナおよびシャムへの旅行

私は日本に帰り、まもなく東洋拓殖会社の石塚総裁からさそわれて、同氏とともに満州と北支へ旅行した。そうして張作霖《ちょうさくりん》や徐《じょ》総統に会見した。拓殖上の問題のためであった。四十日の旅行をおえて日本に帰ったが、シャムのバンコックに東洋赤十字会議がひらかれることになり、私はそれに出席することになった。

シャムの国王や王族や大臣や軍人やに会見したが、日本人にたいして、彼らは深い敬意を表していた。王族のなかには、パリーで知己となった人もいた。在留インド人の集団から招かれて、私は一日、一大会合に臨席したが、「なにか演説を。」との申し出にたいして、私は立って、「インドの独立」を叫んだ。場内は大動揺した。それはイギリス人をおそれる卑怯から生じた混乱であった。しかし、二十年ののちには、インドは、イギリスから独立したのである。世界は変わった。

七　ワシントン会議行きと私

大正十一年（一九二二年）の秋、私は陸軍、外務、および東拓から依頼されて、原首相にも面会して、ワシントンの軍縮会議の研究にむかった。全権一行と同船したのであった。私は、私の名を秘して、米国の御用紙ワシントン・ポストに、毎日のように論文を投書して、アメリカ政府の対日方策の不正を批判し、学理に立ちつつ、それを攻撃した。ポスト紙は、真剣に私の論文と取りくんで、紙上に毎日のように長い論文をかかげたが、ついには、私のまえに降伏せざるをえなくなった。そうして、降伏の直前になって、「日本に権利がある」ということを、紙上に書くようになった。ポスト紙の一人の記者は、徳川全権の室をたずねて、「ポスト紙への投書は、だれの意見ですか。」と問うてみた。公爵はなにも知らなかった。「だれの意見だか知らない。とにかく全権側の意見ではない。」と、公爵はいかにも殿様外交家らしく、すらすらと答えた。いっさいは、それで終った。公爵は無能であった。貴族は無用の長物と、私はなげいた。

私はワシントンから、またまたヨーロッパにいった。それは、ジュネーヴの赤十字会議に出席するためであった。そのときの船は、五万トンの豪華なフランスの船であった。美人あり、才子あり、きわめて陽気なものであった。おもしろい話があるが、はぶく。一日、ひじょうなシケにあって、恐ろしい光景を、私はその航海で経験した。私はしばらくパリーにとどまって、ジュネーヴにむかった。そうして会議に列した。

八　数年にわたる国内の講演

大正十一年ごろには、日本人は欧米の大勢を知らず、大勢にはソッポをむいて、マルクス的のインターナショナルが大流行であった。大正二年以来、私は世界の大勢にじかに接してきているところから、その真相を、全国の学生や青年に告げることを必要と考えた。山川健次郎男や、清浦奎吾《きようらけいご》子爵は、私にその講演を要求された。私は自己を犠牲にして、それを承諾した。

私は、ナショナリズムの世界的大勢を全国に説きまわった。その折に、福岡と鹿児島の高等学校では、激烈に私に反対した。しかしながら、私はいつもそれを、学問をもって軽く受け流して、私の所信を述べた。私は昭和の初めまでも、それをつづけた。私はナショナルを力説したが、それを「国家主義」と、かってにかえて、ビラをはり出したところもあった。当時の日本人は、世界の実相に暗かった。

九　国際連盟から脱退した日本人

そのころ、日本の軍人や政治家は、はなはだしく卑怯であった。マルクス式のインターナショナルの流行時には、縮みあがって引っこんでいた。しかるに、ナショナルに日本人がめざめたときには、軍人らはそれを煽りたてて、自己の利益のために利用した。そうして天皇主義にもってゆき、八紘一宇《はっこういちう》などととなえ、人心をして神がかり的、迷信的ならしめた。そうして国際連盟をののしり、「国を焦土となすも可なり。」などと豪語し、脱退を国民にあふりたてた。それは、世界の平和をおびやかす危険な政策であった。私はそれらの軽卒な輩が示した不誠実の態度を、深く悲しんだ。

私は極力その脱退に反対した。身命を投げだして、内閣や枢府の知人の政治家らに訴えた。斎藤総理も、私に同意していた。枢府の原嘉道氏は、私に鄭重に回答された。私は右傾から強烈に攻撃された。「身上危険」と、警察は私に報告した。しかしながら、ついに日本政府は脱退した。私は、日本の未来あやうしと慨歎した。それ以後は、私は政治を論ずることを思いとどまり、家に引きこもり、学問にのみ耽った。日本の大敗と衰亡とは、このときからはじまったものと、私は判断している。それは、昭和八年のことであった。

一〇　国際連盟脱退以後の歩み

日本がはなはだしく不穏当に、国際連盟から脱退してからは、専制政治にむかって、軍人はじめ政治家は、その方向を定めていた。天皇の親族だというところから、軍人らは、近衛文麿《このえあやまろ》を内閣首相にたてた。また軍人は、大政翼賛会《たいせいよくさんかい》を創立して、ナチ政治をまねた。三国同盟をつくって、英・米・仏らを敵にまわした。ついに大東亜宣言を発して、ヨーロッパのヒットラーの弟子分となった。

世人は一般に浮かれていたが、私は悲観した。私は大政翼賛会は、憲法違反であると公言した。ドイツの必敗を論じたてた。三国同盟条約の欠点を指摘した。大東亜宣言を違憲だと説いた。それでも、なんぴとも迫害はしなかった。官憲から捕縛もされなかった。その私は、終戦後、内閣総理大臣の名で公職から追放された。

昭和十二年、「支那事変」が起ったとき、欧米は、日本は「中国に関する九国条約」に違反する国であると、強く日本を攻撃した。これに対して政府は、「九国条約は現に有効に存在するが、同条約の成立時代とは国際事情が変っているから、日本政府は、同条約を守ることはできない。」と説明した。これは「条約は反古紙にひとしい。」と勝手にふみにじったドイツと同じで、列国から増悪されるのは、知れきったことである。

これに対して私は、国際法の学理にもとづく見解を発表した。「九国条約無効」と題して、日英両文で、「日支の両国は、交戦関係にある。二国の交戦は、二国間の条約を自動的に無効にした。日本はもはや、同条約に拘束されるものではない。日本はそれを守る義務がない。守ろうとしても、不能である。」これは、国際法の学理である。この一著は、軍部や政府の不法の外交や政治を非難したものであって、彼らのために助言したり、支援したりしたものでは、もちろんない。ところが、私の右の学理による著書は、戦後になって、追放調査委員会から調査された。そうして、「日本の対支行動を正当化し、支那事変に理念的基礎をあたえるものと認める。」と裁断され、私は追放されたのである。私は、右の審査を軽薄と憤った。「理由なし」として弁明書を出したが、取り合われなかった。私は世の中からまったく引っこみ、大磯に風光と書物を友として、かろうじて生きていたのである。

一九五二年八月二十日

蜷川　新

＊本書は蜷川新著『天皇　誰が日本民族の主人であるか』（光文社、昭和二十七年九月五日初版発行、昭和二十七年十月十五日六版発行）を翻刻したものです。
底本をご提供いただきました上に、貴重なご助言を下さいました礫川全次氏に心より感謝申上げます。

著者略歴（底本の著者紹介より）

蜷川新（にながわ・あらた）

蜷川新氏は、明治六年、駿河国袖師（静岡県興津の西隣）に生まれた。ただちに出京、麹町区三番町で育った。

東京大学法学部卒業、同大学院に入り、論文提出、博士の学位を受けた（大正元年）。下級官吏、記者、嘱託、会社重役、同志社および駒沢大学教授、日本赤十字社顧問、ジュネーヴの赤十字社連盟理事などを勤めた。

欧米外遊四回、中国、朝鮮、タイにも要務をおびて行った。朝鮮には七年間、滞在した。

国際会議には、ヴェルサイユ、ジュネーヴ、カンヌ、バンコック、東京などで列席した。著書は、『日本憲法とグナイスト談話』『列強の外交政策』『ビスマルク』『維新前後の政争と小栗上野の死』などのほか、国際法、憲法、歴史に関するもの、大小数十種ある。仏文の著書ではLa Croix-Rouge et la Paix.,La réclamation japonaise et le droit international. 英文ではCritical observation on the Washington Conference.

PP選書
天皇——誰が日本民族の主人であるか

2019年5月10日　初版第1刷発行

著者……蜷川 新

装幀……臼井新太郎

発行所……批評社
〒113-0033　東京都文京区本郷1-28-36　鳳明ビル201
電話……03-3813-6344　fax.……03-3813-8990
郵便振替……00180-2-84363
Eメール……book@hihyosya.co.jp
ホームページ……http://hihyosya.co.jp

・印刷……㈱文昇堂＋東光印刷
・製本……鶴亀製本株式会社

乱丁本・落丁本は小社宛お送り下さい。送料小社負担にて、至急お取り替えいたします。

ISBN978-4-8265-0697-7 C0021